KB092919

50

오늘이 당신에게
가장 젊은 날입니다

인생후반전,
후회 없는 삶을 위한 힌트

50

오늘이 당신에게
가장 젊은 날입니다

나카타니 아키히로 지음 | 이선희 옮김

나비의 활주로

50대부터
진짜 참다운 인생이 펼쳐집니다

혹시 지금 당신은 50대인가요? 그럼 어떤 모습인가요? 그동안 열심히 일한 대가로 빨리 은퇴하고 남은 인생을 알차게 즐기며 살고 싶은가요? 아니면 이미 경제적으로는 여유 있는 상황이지만 어떻게 즐겨야 하는지 잘 몰라서 방황하고 있는 것은 아닌가요? 무채색 같았던 자기 삶에 비로소 색을 더하고 싶지만, 어떤 색을 어떻게 더해야 좋을지 모르겠나요? 정년퇴직이 손에 닿을 듯 가까이 다가와 있지만, 그 이후의 인생에 두려움을 느껴 이런 상황에 대해서 애써 외면하고 있진 않나요? 하지만 어쩌면 이런 모든 모습 속에서 진정한 자신을 발견하게 될지도 모릅니다.

50대라면 지금 자신에게 주어진 인생을 마음껏 즐기며 살아야 합니다. 지금 즐기지 않으면 남은 인생도 즐길 수 없거든요. 그럼 어떻게 하면 조금이라도 더 젊게, 조금이라도 더 즐겁게 살아갈 수 있을까요?

50대가 되면 행운과 불운이 모두 찾아옵니다. 그렇지만 행운만 찾아오는 사람도 없고, 불운만 찾아오는 사람도 없답니다. 단지 행운이 먼저 찾아오는 사람이 있고, 불운이 먼저 찾아오는 사람이 있을 따름입니다.

어느 날, 당신 주변 사람에게 행운이 찾아왔다고 가정합시다. 그런데 마침 당신은 불운의 소용돌이 속에 있다면, 더욱 세상을 원망하고 자신의 인생을 한탄하겠지요. 그런 상황에서 어떻게 하면 조금이라도 긍정적으로 생각하고, 하루하루 즐겁게 살아갈 수 있을까요?

이런 경우 크게 두 유형으로 나누어집니다.

하나, 인생을 즐겁게 살고 싶다.

둘, 그래도 인생은 살아볼 만한 가치가 있다.

이 중에서 인생을 즐겁게 사는 사람은 누구일까요? 바로 후자입니다.

'인생을 즐겁게 살고 싶다'를 목표로 하면 '요즘은 그렇게 즐겁지 않다. 이렇게 살아도 되는 걸까?'라는 고민에 빠지게 됩니다. 처음부터 백 퍼센트를 목표로 하면 무엇을 해도 즐겁지 않습니다.

반면에 '그래도 인생은 살아볼 만한 가치가 있다'라는 생각으로 살아간다면 항상 설레고 가슴 두근거릴 수 있게 되지요. 아직 살아볼 만한 가치가 있다고 생각하기에, 삶에 대한 만족도가 높아지고 행복을 느끼게 되는 것입니다.

중요한 것은 행복 그 자체가 아니라 행복감을 느끼는 것이 아닐까요? 아무리 남이 볼 때 행복해 보이는 이라도 본인이 행복을 느끼지 못하면 아무런 소용이 없습니다. 행복을 느끼는 사람은 주변에서 사람들이 모이게 됩니다. "그 사람은 요즘 굉장히 행복해 보여. 그 사람이 웃으면 나도 따라서 웃고 싶다니까!"라면서 말이지요. 사람은 행복해 보이는 사람에게 다가가는 법이니까요.

불행해 보이거나 불만이 가득한 사람, 남을 원망하는 사람이나 비장한 느낌을 내뿜고 있는 이에게 다가가거나 그런 사람과 친해지고 싶어 하는 이는 아무도 없습니다. 그런 사람에게 다가가면 자신도 마이너스의 악순환에 빠진다는 사실을 알기 때문이지요.

식사할 때도 마찬가지입니다.

"지금까지 먹은 음식보다 더 맛있는 음식을 먹고 싶다!"

이렇게 생각하면 어떤 음식을 먹어도 만족할 수 없습니다. 하지만 '지금 먹는 음식도 나름대로 맛있군'이라고 여기면 어떤 음식이라도 맛있게 먹을 수 있지 않을까요? 그러면 음식점 직원은 물론이고 같이 식사한 사람에게도 사랑받게 되고, 이윽고 '그 사람과 같이 밥을 먹으면 즐겁다'라고 주변에서까지 인정받게 됩니다.

50대에 접어들면 지금까지 살아온 인생을 돌아보아야 합니다. 실제로 자신의 인생이 어땠는지 일일이 따지기보다 '그동안 힘들고 어려웠던 일도 많았지만 그래도 아직 살아볼 만하지'라고, 자기 삶을 밝게 바라보는 게 중요합니다.

이런 마음가짐이 결국 긍정적인 인생관을 만들게 됩니다. 그리고 그런 사람만이 80대가 될 때까지 남은 30년 인생을 마음껏 즐길 수 있을 테니까요.

나카타니 아키히로

코로나19 시대는 새로운 삶을 살 수 있는 절호의 기회입니다!

한국의 독자 여러분, 최근 힘든 상황이 계속되고 있는데, 어떻게 지내고 계시나요?

코로나19로 인해 우리는 두 가지 불안감에 시달리게 되었습니다. 하나는 죽음의 불안감이고, 또 하나는 삶의 불안감입니다. 그리고 삶의 불안감에는 두 가지가 있습니다. 하나는 경제적 불안감이고 또 하나는 정신적 불안감입니다. 이 두 가지 가운데, 사람은 어떤 것에 더 큰 불안감을 느낄까요? 바로 정신적인 불안감입니다. 경제적으로 가난해지는 것보다 일자리를 잃는 것에 대한 정신적 불안감이 더 강하게 가슴을 압박하게 됩니다. 지금 시대에 상황을 바꾸는 일은 쉽지 않습니다. 그렇다면 발상을 바꾸는 수밖에 없지 않을까요? 지금은 '직장을 잃을 수 있는 위기'가 아니라 '새로운 삶을 살 수 있는 절호의 기회'라고 생각하는 것입니다. 사람은 누구나 새롭게 살고 싶지만 한 걸음 내디딜 용기가 없어서 우물쭈물하고 있는 것뿐입니다. 그런데 코로나19는 그 망설임의 한 걸음을 내디딜 기회를 주었습니다. 예전 같으면 엄두도 내지 못했던 일도 '그래, 이런 시대니까'라고 마음먹고 새로 시작할 수 있는 것입니다.

코로나19를 계기로 구조조정의 속도도 빨라졌는데, 그 첫 번째 표적이 된 것이 바로 50대입니다. 앞이 보이지 않는 것은 분명히 불안한 일입니다. 하지만 50대에는 앞이 뻔히 보이는 것이 더 불안한 일이 아닐까요?

'코로나19가 언제 끝날까?'라고 생각하며 한숨을 내쉬면 불안해집니다. 반면에 '새로운 시대가 시작되었다!'라고 생각하면 가슴 설레고 두근거리게 됩니다. 어떻게 하면 50대를 즐겁게 20대처럼 설레며 살 수 있을지에 관한 다양한 삶의 힌트가 가득 담겨 있습니다. 이 책을 통해 여러분이 다시 태어나기를 바랍니다. 다시 태어나는 것만큼 가슴 설레고 두근거리는 일은 없으니까요.

끝으로 이 책을 번역해주신 이선희 님과 편집을 해주신 유지은 님께 특별히 감사의 인사를 전합니다. 하루빨리 직접 만날 수 있기를 기다리고 있습니다.

나카타니 아키히로

CONTENTS

〈 제1장 〉

50대는 나답지 않은 체험을 통해 다시 태어납니다

<제4장>

50대의 진짜 즐거움은 귀찮음 속에 있습니다

50대는
나답지 않은
체험을 통해
다시 태어납니다

50대는 남은 인생의 장거리 주자임을 아는 적기입니다

50대가 되면 지금까지 경험하지 않았던 새로운 경험에 직면하게 됩니다. 그것도 좋은 방향이 아니라 씁쓸한 일입니다. 어느 날 갑작스럽게 회사에서 구조조정을 당하거나 한 번도 일해보지 않은 부서로 발령이 나기도 합니다. 생각지도 않던 계기로 직책이 내려가거나 월급이 줄어드는 등 지금까지 상상도 못 했던 상황에 휘말릴 수도 있습니다. 그 회사에 다니는 이상, 이것은 아무리 피하고 싶어도 피할 수 없는 현실입니다.

지금까지는 직책이 내려가는 일이 한 번도 없었고 승진의 연속이었습니다. 30대까지는 급여도 계속 올라갔습니다. 그런데 40대에 접어든 순간, 급여가 오르지 않는 일이 생기기도 합니다. 그러면 그제야 현실을 마주하고 화들짝 놀라게 됩니다.

'어? 왜 급여가 그대로지? 이 회사에 다니는 동안은 계속 급

여 오를 줄 알았는데.'

급여가 그대로일 뿐이라면 그래도 낫습니다. 50대가 되면 열심히 일하고 있음에도 불구하고 급여가 줄어드는 사태가 생기기도 합니다. 운동선수에게 성장하는 시기와 멈추는 시기, 내려가는 시기가 있듯이 직장인에게도 똑같은 상황이 생기는 것이지요.

하지만 회사 생활의 절정기를 지나 내리막길에 접어들었다고 해서 당황해서는 안 됩니다. 그때야말로 '어떻게 하면 그 시기를 잘 보내고 다음 시기를 멋지게 맞이할 수 있을까?'에 초점을 맞춰야 합니다. 내리막길에 있을 때야 비로소 자신만의 철학도 생겨납니다. 지금까지는 오직 앞만 보고 달려온 단거리 주자였다면, 50대에는 장거리 주자가 되어야 하는 것이지요.

공원에는 전문적인 운동선수부터 취미로 운동하는 사람들까지 매일 수많은 사람이 달립니다. 그런데 누군가에게 추월당하면 자기도 모르게 발끈해서 속도를 올리는 사람이 있습니다. 하지만 베테랑 선수들은 절대로 자신의 페이스를 흩뜨리지 않습니다. 그저 빙긋이 웃으면서 "네, 먼저 가시지요"라고 말한 뒤, 자기 페이스를 유지하는 것입니다.

일본 회사에는 '파견'이라는 제도가 있습니다. 다시 말해서 일종의 좌천이라고 할 수 있겠지요. 그 회사에서 역할이 끝났다고 판단하면 관계사로 보내거나 멀리 떨어진 작은 도시의 작은 지점으로 보내는 것입니다. 그러면 당사자는 유배 같은 형태로 회사 생활을 마치게 됩니다.

50대가 되면 많은 사람이 이런 식으로 감봉과 좌천의 소용돌이에 휘말리며 자존심에 상처를 입습니다. 그러면 동료와 술잔을 기울이며 회사에 대한 불만을 터트리곤 합니다.

하지만 냉정하게 돌이켜보면 오히려 고마워해야 하지 않을까요? 사실은 해고할 수도 있고 구조조정할 수도 있었는데, 그동안 열심히 일해준 것에 대한 보답으로 감봉이나 좌천으로 끝난 것이니까요.

'그동안 회사를 위해 그토록 열심히 일했는데 왜…?'

이렇게 불만을 느끼면 자신과 경영자 사이에 마음의 온도 차가 생깁니다.

'그래도 다행이야. 해고하지 않고 거둬줘서….'

이렇게 생각하는 사람은 다시 긍정적인 마음으로 열심히 노력할 수 있고, 남은 인생을 즐겁게 살 수 있습니다. 반면에 회사에 불평하거나 좌절의 늪에 빠진 사람에게는 더욱 괴로운 인생이 기다리고 있을 따름입니다.

회사에서 조건이나 상황이 나빠졌을 때는 일단 '자신을 거둬

줘서 고맙다'라고 여기는 편이 좋습니다. 그런 다음에 자신의 상황을 냉정하게 판단하고, 어떻게 하면 내리막길을 즐겁게 내려갈 수 있는지 생각하는 것입니다. 그것이 남은 인생을 즐겁게 살 수 있는 가장 좋은 방법이니까요.

〈 50대를 가장 젊게 사는 방법 〉

인생의 내리막길이 찾아온다면 최대한 긍정적으로 받아들입니다

50대가 되면
많은 사람이 이런 식으로
감봉과 좌천의 소용돌이에 휘말리며
자존심에 상처를 입습니다.
그러면 동료와 술잔을 기울이며
회사에 대한 불만을 터트리곤 합니다.

하지만 냉정하게 돌이켜보면
오히려 고마워해야 하지 않을까요?
사실은 해고할 수도 있고
구조 조정할 수도 있었는데,
그 동안 열심히 일해준 것에 대한 보답으로
감봉이나 좌천으로 끝난 것이니까요.

♪ 예상치 못한 상황은
신이 준 선물임을 명심합니다 ♪

인생을 즐기는 사람과 인생을 즐기지 못하는 사람, 이렇게 사람은 두 유형이 있습니다.

이 두 사람의 결정적인 차이는 무엇일까요?

인생을 즐기는 사람은 우연한 상황을 좋아합니다. 하지만 인생을 즐기지 못하는 사람은 우연히 벌어진 상황을 싫어합니다. 이미 정해진 일정을 좋아하는 것입니다.

인생을 즐기지 못하는 사람은 여행할 때도 항상 일정대로 행동합니다. 주머니에는 일정표가 들어 있어서 시도 때도 없이 꺼내보면서 분석합니다.

"이제 몇 분 남았어."

"여기에서는 몇 분까지 있어야 해."

"좋아, 이 페이스대로 가면 그것도 볼 수 있어."

그들이 가장 좋아하는 것은 빼곡히 적혀 있는 일정표입니다.

"보통이라면 두 군데를 가지만 이 일정표대로라면 네 군데를 갈 수 있어!"

그러곤 뭔가를 해냈다는 성취감에 휩싸입니다.

"이렇게 완벽한 일정표는 없어! 보통은 두 군데밖에 볼 수 없지. 세 군데를 보면 감지덕지한데, 우리는 네 군데까지 볼 수 있어!"라고 두 주먹을 불끈 쥐기도 합니다.

그런데 같이 간 일행이 늦게 나온 순간, 모든 일정이 물거품으로 변합니다.

또한 일행 중 한 사람이 "잠시 쉬었다 가면 안 돼?"라고 말하면 버럭 화를 냅니다.

"그걸 말이라고 해? 여기서 쉬면 나머지 일정이 엉망이 되잖아? 정 쉬고 싶으면 넌 따로 행동해!"

부모님을 모시고 가는 여행에서도 한정된 시간 속에서 여러 가지 일정을 짭니다.

'이 꽃밭을 보여 드리고 싶다.'

'여기서 맛있는 음식을 대접해 드리고 싶다.'

'이 재미있는 쇼를 보여 드리고 싶다.'

그런데 여행 도중에 부모님께서 "오늘은 좀 피곤하니까 느긋하게 쉬고 싶구나" "내일 아침은 늦게까지 푹 자고 싶어"라고 말하면 발끈하면서 토라집니다.

"무슨 말씀이에요? 나머지 일정은 어떡하고요? 나도 이제 몰라요. 마음대로 하세요!"

이래서는 누구를 위한 여행인지, 여행의 목적이 무엇인지 알수 없지 않을까요?

여행에서는 일정을 짜는 것도 중요하지만, 그보다 더 중요한것은 짜놓은 일정을 버리는 것입니다. 일정을 추가하는 것은 간단합니다. 하지만 짜놓은 일정은 좀처럼 버릴 수 없습니다.

'밤새워 일정을 짰는데.'

'남은 인생에서 다시는 올 수 없을지도 모르는데.'

이렇게 생각하면 예상치 못한 상황을 받아들일 수 없습니다. 예상치 못한 상황을 받아들이면 나머지 일정이 엉망이 되는 것입니다. 하지만 진정한 체험은 예상치 못한 상황에서 할 수 있는 법입니다.

오로라 투어에서 오로라를 보지 못하면 불만을 터트리는 사람이 있습니다.

"뭐야? 오로라는커녕 아무것도 없잖아? 어떻게 된 거야?"

예상치 못한 상황이 발생했을 때는 그 상황을 즐길 수 있는 사람과 즐길 수 없는 사람이 있습니다. 그럴 때는 주변 사람들과 친해져서 "다음에 또 오자"라고 말하는 사람과 "이게 무슨 오로라 투어야? 돈 돌려줘!"라는 사람으로 나누어집니다.

오로라 투어에서 오로라를 보았다면 그것으로 좋은 체험이 됩니다. 반면에 오로라를 보지 못했다면 "다음에 또 같이 옵시다!"라고 말하며 같이 간 사람들과 친해지는 게 어떨까요? 비록 나중에 같이 올 수 없어도 말이지요.

예전에 광고회사에 다닐 때, 소주관련 제품 광고를 찍기 위해 보리밭에 간 적이 있습니다. 보리가 가장 아름다울 때는 수확하기 직전인 장마철입니다. 장마철이라고 계속 비가 내리는 건 아니므로, 필자는 일기예보를 확인하고 촬영에 나섰습니다.

그런데 계속 비가 오는 바람에 하늘을 올려다보며 꼬박 이틀을 기다려야 했습니다. 그동안 계속 호텔에 틀어박혀 있었지만, 덕분에 스태프들과 친해졌습니다. 날씨가 좋지 않아서 원하는 성과를 얻을 수 없었지만, 오히려 주변 사람들과 친해질 수 있었던 것입니다.

예상치 못한 상황을 긍정적으로 받아들이는 것, 그것이야말로 인생을 멋지게 즐기는 방법이 아닐까요?

예기치 못한 상황을 긍정적으로 받아들입니다

그동안 하지 않던 일을 하면 새로운 나를 만나게 됩니다

"앞으로 어떻게 살아야 할까요?"

"어떻게 사는 게 잘사는 걸까요?"

이렇게 물어보면 많은 사람이 '자기답게 살면 되는 것이지요' 라고 대답합니다. 그러면서 나이에 맞지 않는 일을 하거나 자기답지 않은 일을 해서는 안 된다고 하지요. 때로는 '사람이 변하면 죽을 때'라는 농담까지 합니다.

하지만 50대의 인생은 다릅니다. 나이에 맞지 않는 일이나 자기답지 않은 일을 하면 새로운 자신을 발견할 수 있습니다. '왜 지금까지 이런 일을 하지 않았을까?'라고 탄식할 만큼 제2의 인생이 시작될 수도 있는 것입니다.

대부분의 사람들이 30대에는 내가 누구인지, 내가 어떤 사람인지를 확인하는 자기 찾기에 몰두합니다. 그런데 50대에 접어들면 자기다움에 집착하기 시작합니다. 옷도 비슷한 스타일만 사는 탓에, 집에 가면 "또 그걸 샀어?"라는 핀잔을 듣기 일쑤입니다. 옷장 안에는 거의 똑같은 옷만 놓여 있습니다. 좋게 말하면 개성이 확립된 것이고, 나쁘게 말하면 모험을 하지 않는 것입니다.

몇 살이 되어도 인생을 즐기고, 조금이라도 젊게 살기 위해서는 인생에 대해 공격적인 자세가 필요합니다. 공격적으로 산다는 것은 '자기답지 않은 일을 한다'는 뜻입니다.

자기다운 물건과 자기답지 않은 물건이 있을 때, 양쪽을 모두 사면 그 사람의 다양성은 단숨에 확대됩니다.

물건뿐만이 아닙니다. 둘 중 하나를 선택해야 할 때는 반드시 자기다운 쪽과 자기답지 않은 쪽이 있습니다. 이런 상황에서 대부분 사람은 평소에 하던 대로 자기다운 쪽을 선택하곤 합니다.

하지만 그 사람의 잠재력을 끌어내는 것은 평소와 다른 쪽을 선택했을 때입니다. '평소에는 절대로 이것을 선택하지 않는다'라고 할 만큼 자기답지 않은 쪽을 선택하면 커다란 시장을 개척할 수 있습니다. '시장'이라는 비즈니스 용어를 다른 말로 표현하면 '새로운 가능성'이라고 할 수 있겠지요.

50대가 되어도 자신의 인생에서 아예 손도 대지 않고 무턱대고 싫어한 세계가 남아 있습니다. 그런 세계가 있다는 사실도 모른 채 죽는 것은 너무도 안타까운 일이 아닐까요?

겨우 50대까지밖에 살지 않은 사람이 이 세상의 모든 세계를 다 볼 수는 없습니다. 자신이 모르는 새로운 세계를 보고 싶다면, 양자택일을 할 때 자기답지 않은 쪽을 선택하면 됩니다.

50대가 되면 무엇인가를 선택할 때 망설임이 없어집니다. 그만큼 자아가 확실히 확립되어 있기 때문입니다. 하지만 50대에 망설이는 것은 좋은 일입니다. 그만큼 새로운 세계에 접할 확률이 높아지는 것이니까요.

50대를 젊게 사는 사람, 50대를 즐겁게 사는 이는 많이 망설이고 많이 방황하는 사람입니다. 그 결과, 새로운 세계를 접하고 50대를 신 나게 살 수 있는 즐거운 사이클이 완성되는 것입니다.

⟨ 50대를 가장 젊게 사는 방법 ⟩

그동안 전혀 해보지 않았던 나답지 않은 일을 해봅니다

50대의 인생은 다릅니다.
나이에 맞지 않는 일이나
자기답지 않은 일을 하면
새로운 자신을
발견할 수 있습니다.
'왜 지금까지 이런 일을
하지 않았을까?'라고
탄식할 만큼 제2의 인생이
시작될 수도 있는 것입니다.

체험을 적게 할수록 결과에만 집착하게 되는 것을 알아챕니다

어떻게 하면 50대를 즐겁게 살 수 있을까요? 50대를 즐겁게 살고 싶으면 무엇보다도 결과에 집착하지 말아야 합니다. 결과에 집착하면 인생이 즐겁지 않고, 결과에 집착하지 않으면 인생이 즐겁기 때문입니다.

이 세상 모든 일에는 결과가 나오는 것도 있고 결과가 나오지 않는 것도 있습니다. 더구나 결과가 나오는 것보다 나오지 않는 것이 더 많아서, 90퍼센트는 결과가 바로 나오지 않습니다.

그런데 결과가 나오지 않은 일은 별로 즐겁지 않습니다. 꽝이 없는 제비를 뽑는 것처럼 긴장감이 없다고 할까요? 이런 상황을 즐기기 위해서는 되도록 결과에 집착하지 않으면 됩니다.

지금까지 다양한 분야에서 여러 가지 경험을 한 사람은 결과에 집착하지 않습니다. 장기적으로 봤을 때, 눈앞의 결과는 인생

제 1 장

에 큰 영향이 없다는 사실을 알기 때문입니다.

결과에 집착하는 사람은 대부분 경험이 많지 않은 사람입니다. 그래서 아무리 결과에 집착하지 말라고 해도 그렇게 할 수 없습니다. 그런 사람에게는 이렇게 조언해주는 것이 어떨까요? "체험량을 많이 늘려보세요!"라고 말이지요. 결과를 기다리기 전에 다음 체험을 하면 됩니다.

그런데 체험량이 적은 사람은 결과를 기다리는 동안 다음 체험을 하지 않습니다. 그것은 걸려오지 않는 전화를 멍하니 바라보는 것이나 마찬가지로, 정신적으로도 육체적으로도 굉장히 힘든 일입니다.

예를 들어 A와 B라는 사람이 있는데, 그들은 동시에 밭에 채소를 심었습니다.

A는 여러 종류를 심었고, B는 한 종류밖에 심지 않았습니다. A는 매일 여러 채소를 돌봐야 하는 만큼, 한 채소에 집착하지 않습니다.

한편, 한 채소밖에 심지 않은 B는 매일 그것만 멍하니 바라보고 있습니다. 그러다 싹이 나오지 않으면 안절부절못하고 조바심이 머리끝까지 솟구칩니다.

'왜 싹이 나지 않지? 혹시 안에서 썩은 거 아니야? 한번 파볼까?' 이런 터무니없는 생각을 합니다.

또한 씨앗 가게에 가서 불만을 터트리기도 합니다.

"아무리 기다려도 싹이 나오지 않아요. 혹시 썩은 씨앗을 판 거 아닌가요?"

반면에 A처럼 여러 종류의 채소를 돌보고 있으면 재배의 기쁨을 마음껏 누릴 수 있습니다. '아! 여기에 싹이 나왔어! 저기에도 싹이 나오고 있어!'라는 식으로 말이지요.

혹시 당신은 체험은 많이 하지 않고 결과만 기다리고 있지는 않습니까?

50대를 가장 젊게 사는 방법

인생을 즐기고 싶다면 체험의 기회를 늘려봅니다

———

이 세상 모든 일에는 결과가 나오는 것도 있고 결과가 나오지 않는 것도 있습니다. 더구나 결과가 나오는 것보다 나오지 않는 것이 더 많아서, 90퍼센트는 결과가 바로 나오지 않습니다. 그런데 결과가 나오지 않은 일은 별로 즐겁지 않습니다. 꽝이 없는 제비를 뽑는 것처럼 긴장감이 없다고 할까요? 이런 상황을 즐기기 위해서는 되도록 결과에 집착하지 않으면 됩니다.

스스로 체험과 경험을 하면 할수록 삶은 즐거워집니다

인생을 제대로 즐기지 못하는 50대 사람이 좋아하는 것이 있습니다. 바로 견학입니다.

저는 오랫동안 볼룸댄스를 하고 있는데, 가끔 댄스교습소 문을 빼꼼히 열고 "일단 견학해도 될까요?"라고 말하는 사람이 있습니다. 한번 견학하는 사람 중에 정식으로 배우러 오는 사람은 10퍼센트도 되지 않습니다. 90퍼센트는 그냥 견학으로 끝나버리지요. 저는 벌써 10년이 넘게 '나카타니 학교'를 통해 사람들과 만나고 있는데, 견학은 누구든 자유롭게 할 수 있습니다.

어느 날, 굉장히 예의 바른 사람이 수업 도중에 견학하러 왔습니다. 그는 10분쯤 듣고 있다가 "대략 알았습니다"라고 말하며 수업이 끝나기도 전에 밖으로 나갔습니다. 나는 그의 말을 이해할 수 없어서 고개를 갸웃거렸습니다.

"겨우 10분 듣고 뭘 알았다는 거지?"

아무리 대단한 사람이라도 직접 체험해보지 않으면 진정한 느낌을 알 수 없지 않을까요?

요즘 대부분 문화센터에는 중년 이후의 사람들에게 가르치는 컴퓨터 교실이 있습니다. 그곳에서 컴퓨터를 배우는 사람들은 두 종류로 나누어집니다. 체험형과 응시형입니다. 여성들은 주로 체험형입니다. 그들은 매뉴얼도 보지 않고 일단 시도부터 합니다.

"선생님, 여기에 F1에서 F12까지 있는데, 이걸 누르면 어떻게 되나요?"

그러곤 선생님의 대답을 듣기도 전에 키를 전부 눌러봅니다. 그들의 강렬한 호기심에는 입이 다물어지지 않을 정도입니다.

반면에 남성들은 매뉴얼에 마커로 밑줄을 그은 다음, 노트에 꼼꼼히 옮겨 씁니다. 그리고 팔짱을 낀 채 바라보기만 할 뿐, 키보드에 손을 대지 않습니다.

강사가 "괜찮으니까 키를 눌러보세요"라고 말하면 "대충 알았으니까 해보지 않아도 됩니다"라고 대답합니다. '혹시 키를 잘못 누르면 폭발하는 거 아닌가?'라고 지레 겁을 먹고 손을 대지 않는 것입니다.

남성 중에는 "오늘은 프린트물 같은 건 없나요?"라고 묻는 사람도 있습니다. 그들은 프린트물을 매우 좋아합니다. 종이 다발 같은 것을 받으면 뭔가 배우고 있다는 느낌이 드나봅니다.

커뮤니케이션을 배우러 가서도 프린트물을 요구합니다. 하지만 목소리 훈련은 프린트물로는 할 수 없지 않을까요?

"이런 식으로 크게 말씀해보세요. 그러면 목소리가 이렇게 나옵니다."

강사가 이렇게 설명하면 "아하, 그렇군요. 대충 감이 오네요"라고 말할 뿐, 강사가 시키는 대로 하지는 않습니다.

컴퓨터 수업을 받는 50대 여성 중에는 아무 키나 마음대로 누르는 바람에, 가끔 컴퓨터가 먹통이 되는 일도 있습니다. 그런 경우에도 그들은 당황하지 않고 콘센트를 뽑아서 강제로 컴퓨터를 종료시킵니다. 때로는 다른 사람 컴퓨터의 콘센트까지 뽑기도 합니다.

콘센트가 뽑힌 사람은 주위가 떠나갈 듯 비명을 지릅니다. 그래도 컴퓨터가 망가지는 일은 없습니다. 이런 것이 견학이 아니라 참여입니다.

어떤 분야든 직접 참여하지 않으면 진정한 재미를 알 수 없습

제 1 장

니다.

마술 쇼를 보러 가면 마술사가 마술하는 도중에 이렇게 묻는 일이 있습니다.

"혹시 저를 도와주실 분, 계실까요?"

그러면 마술에 참여하고 싶어 하는 사람들이 앞을 다투어 손을 듭니다. 하지만 마술사는 그런 사람들을 가리키지 않습니다. 손을 들지 않은 50대 남성을 가리킨 뒤, "저를 도와주시겠습니까?"라고 말하면서 그를 무대로 이끕니다. 50대 남성의 딱딱하고 어색한 표정이 재미있기 때문입니다.

일본 최고의 마술사인 마릭 씨의 마술 쇼에 가면 모든 관객에게 스푼을 나누어줍니다. 그 자리에 있는 모든 사람이 스푼 구부러뜨리기를 하는 것입니다.

그런데 집안에서 권위적이고 보수적인 아버지가 숟가락을 구부러뜨립니다. 옆에 있던 가족들이 깜짝 놀라서 "여보!" "아빠!"라고 소리친 순간, 아버지는 자신의 구부러진 숟가락을 내려다보며 어리둥절한 표정을 짓습니다. 가족 세 명 중에 엄마와 딸은 할 수 없었는데, 아버지만 숟가락을 구부러뜨린 것입니다. 이것을 계기로 그 아버지는 마술에 빠지게 됩니다.

프랑스에는 조금 에로틱한 마술이 있습니다. 아름다운 여성과 50대 남성이 같은 망토 안에 들어간 뒤, 갑자기 망토를 벗기면 50대 남성 손에 브래지어가 들려 있는 마술입니다.

"어머나! 보기와 달리 손이 빠르시군요!"

여성이 이렇게 말했을 때 관객들이 한꺼번에 웃음을 터트리는 사람은 처음에 나가고 싶어 하지 않았던 50대 남성입니다. 이처럼 마술도 그렇고 서커스도 그렇고, 가장 즐거운 것은 볼 때가 아니라 참여할 때입니다.

〈 50대를 가장 젊게 사는 방법 〉

멀리서 바라만 보지 말고 직접 참여해 봅니다

어려움을 이겨냈을 때만이
아는 즐거움을 느껴봅니다

'이 정도면 금방 할 수 있다.'

'이건 좀 어려울 것 같다.'

이런 두 가지 체험이 있을 때, 당신은 어느 쪽을 선택하는 편인가요?

인생의 체험은 두 종류로 나누어집니다. 간단한 것과 어려운 것이지요. 간단한 쪽보다 어려운 쪽을 선택하는 사람은 호기심이 강한 사람입니다. 어려운 체험을 선택하는 사람은 어느 순간 자기도 모르게 푹 빠져서 그 자체를 즐기고 있습니다. 그런 사람은 지그소 퍼즐이나 모형 만들기를 할 때도 조각이 많은 쪽을 선택합니다.

어려운 체험은 지금 당장 할 수 없거나 시간이 오래 걸리거나 난이도가 높은 체험을 말합니다. 그런 것이야말로 즐겁고 심오한 체험이 됩니다. 즐거움은 크기만이 아니라 깊이와도 관계가 있으니까요.

인생을 즐기지 못하는 50대는 깊이보다 눈에 보이는 크기에 집착합니다. 하지만 인생의 진정한 즐거움은 크기가 아니라 깊이에 있습니다.

크기에 집착하면 가슴이 두근거리지 않지만, 깊이에 집착한 순간 가슴이 두근거리기 시작합니다. 그리고 깊이는 간단한 체험이 아니라 어려운 체험에 있습니다.

어떤 일을 할 때, 그 일이 재미없는 이유는 두 가지입니다. 일이 너무 단조롭거나 의무감으로 하기 때문이지요.

일요일에 대형 슈퍼마켓의 식품 코너에 가면 물건을 사는 사람은 거의 남성입니다. 요리를 하기 위해 식재료를 사는 것입니다.

'이 음식에는 허브를 조금 넣으면 풍미가 확 살아나지 않을까?'

'이 음식에는 월계수 잎을 조금 넣는 게 좋겠군.'

대부분 이렇게 취미로 요리하는 사람들입니다.

매일 의무적으로 요리를 하는 여성들은 향신료까지 일일이 생각할 여유가 없지만, 취미로 요리를 하는 남성들은 어떤 향신료를 사용할지 느긋하게 즐길 수 있습니다.

그러므로 의무적으로 하는 사람보다 취미로 하는 사람이 훨씬 즐거운 것은 당연하지 않을까요?

이왕 하는 거라면 어려운 체험을 선택해봅니다

어려운 체험은 지금 당장 할 수 없거나
시간이 오래 걸리거나 난이도가 높은 체험을
말합니다. 그런 것이야말로 즐겁고
심오한 체험이 됩니다. 즐거움은 크기만이
아니라 깊이와도 관계가 있으니까요.

인생을 즐기지 못하는 50대는 깊이보다
눈에 보이는 크기에 집착합니다.
하지만 인생의 진정한 즐거움은 크기가 아니라
깊이에 있습니다. 크기에 집착하면
가슴이 두근거리지 않지만,
깊이에 집착한 순간 가슴이
두근거리기 시작합니다.
그리고 깊이는 간단한 체험이 아니라
어려운 체험에 있습니다.

새로움을 만날 기회는 가까운 곳에 있음을 기억합니다

"50대가 되면 체험을 많이 늘리는 편이 좋습니다!"

이렇게 말하면 꼭 이렇게 되묻는 사람이 있습니다.

"어떤 체험을 해야 하죠? 아직 알려지지 않은, 아름다운 자연이 있는 곳에 가야 하나요?"

체험하기 위해 구태여 먼 곳까지 갈 필요는 없습니다. 체험할 곳은 가까운 곳에 얼마든지 있으니까요.

오랫동안 사는 동네를 떠올려보세요. 매일 앞을 지나면서도 한 번도 들어가 본 적이 없는 가게가 있지 않나요? 안의 모습이 보이지 않는 가게에 들어가려면 상당한 용기가 필요합니다.

앞을 지나갈 때 가끔 안이 언뜻 보이는 가게, '회원제'라는 팻말이 붙어 있는 가게, 한 번도 들어가 본 적이 없는 지하나 2층에 있는 가게는 집이나 회사 근처에도 많이 있습니다.

몇 년을 살아온 동네인데도, 10년 넘게 다닌 회사 근처인데도 한 번도 들어가 본 적이 없는 골목길이 있기도 합니다. 그럴 때 낯선 골목으로 들어가면 자신의 머릿속에 있는 지도가 바뀌기도 하지요. "우와, 신기하다! 이 길이 여기로 이어져 있다니!"라고 말이지요.

멀리 있는 아름다운 자연이나 신비한 동굴을 찾아가는 것만이 탐험이 아니라 이런 것도 훌륭한 탐험입니다. 손만 내밀면 닿을 수 있는 곳에 탐험할 곳은 얼마든지 있습니다.

50대를 즐겁게 살고 싶다면 지금까지 한 번도 들어가 본 적이 없는 가게라도 들어가 보시기 바랍니다. 물론 막상 들어가 보면 자신에게 맞는 곳도 있고 그렇지 않은 곳도 있습니다. 체험할 때는 '당첨'만이 아니라 '꽝'도 즐겨야 합니다.

"이렇게 한적한 모퉁이에 있는 가게가 맛있는 법이지."

그런데 막상 음식을 먹어보면 처음에 생각했던 것과 다른 일도 있습니다. 기왕에 모험할 바에는 그만저만한 가게만 선택하지 말아야 합니다. 아예 '당첨'이나 '꽝'을 노리고 선택하는 것이 좋습니다. 그만저만한 가게보다는 오히려 '꽝'을 선택하는 것이 훨씬 즐거운 기억이 될 테니까요.

때로는 상상을 초월하는 실패를 겪기도 합니다.

'내가 만들어도 이것보다는 맛있겠어. 이 정도 실력으로 용케 버티고 있군' 하는 생각을 하게 될지도 모릅니다. 하지만 이렇게 색다른 경험을 하는 것도 인생의 즐거움이 아닐까요?

〈 50대를 가장 젊게 사는 방법 〉

한 번도 가본 적이 없는 장소에 가봅니다

50대를 즐겁게 살고 싶다면
지금까지 한 번도 들어가 본 적이
없는 가게라도 들어가 보시기 바랍니다.
물론 막상 들어가 보면
자신에게 맞는 곳도 있고
그렇지 않은 곳도 있습니다.

체험할 때는 '당첨'만이 아니라
'꽝'도 즐겨야 합니다.

♪ 아무리 거창한 설명도 체험 한 번의 즐거움을 이길 수는 없습니다 ♪

'벨 템포 트래블'이란 여행사를 경영하는 다카하기 노리토시 사장의 말에 따르면, 여행에 데려가고 싶지 않은 두 가지 유형의 고객이 있다고 합니다.

"6개월 후에 이런 여행 코스가 있습니다. 금액은 이 정도인데, 가지 않겠습니까? 아주 재미있을 겁니다."

이렇게 제안했을 때, "언제까지 정하면 되나요?"라고 묻는 사람과 "언제까지 취소하면 취소료가 발생하지 않나요?"라고 묻는 사람입니다.

여행을 권하는 쪽에서 보면 양쪽 모두 실망스러운 질문이 아닐 수 없습니다.

여행에서 가장 중요한 점은 누구와 같이 가느냐는 것입니다. 함께해서 즐거운 사람과 같이 가고 싶은 것은 누구나 마찬가지가 아닐까요?

같이 여행 가고 싶은 사람은 "이번에 ○○에 가는데, 같이 가지 않겠습니까?"라고 말한 순간, "네, 갈게요!"라고 곧바로 대답하는 사람입니다. 인터넷이라면 즉시 클릭해서 신청하는 그런 사람입니다.

그런 사람에게 "아직 가격도 말하지 않고 날짜도 말하지 않았는데 괜찮나요?"라고 물어보면 "그건 어떻게 될 겁니다"라고 대답합니다.

'울트라 마라톤'이란 것이 있습니다. 정식 마라톤 경기의 정구간인 42.195킬로미터보다 긴 거리를 달리는 마라톤을 말합니다. 50킬로미터의 짧은 거리부터 4,700킬로미터의 최장거리까지 종류가 다양한데, 가장 일반적인 것은 100킬로미터입니다.

100킬로미터를 뛰어야 한다고 생각하면 정신이 아득해져서, 참가자를 모집하는 홈페이지를 보아도 신청할 용기가 나지 않을지도 모릅니다. 그럴 때는 홈페이지를 발견하자마자 신청 버튼을 눌러야 합니다. 이른바 광 클릭입니다. 일정은 나중에 얼마든지 조정할 수 있지 않을까요?

연극이나 뮤지컬, 발레 공연의 관람권은 6개월 전부터 판매하기 시작합니다. 6개월 후의 공연 날에 야근이 있을지, 다른 중요한 일이 있을지는 아직 알 수 없습니다. 그런데 공연이 있기 직전에 관람권을 구입하려고 하면 이미 매진되어서 구할 수 없습니다. 따라서 꼭 보고 싶은 공연이 있으면 시간은 나중에 조정하기로 하고 미리 구해두는 것이 일반적입니다.

여행도 마찬가지입니다.

"현지에 가서 구체적으로 어떤 것을 하나요?"라고 꼬치꼬치 캐물어도 상대는 자세히 대답해줄 수 없습니다. 진정한 체험은 말로는 전할 수 없기 때문입니다.

저를 보면 많은 이들이 이렇게 묻곤 합니다.

"나카타니 학교에서는 어떤 것을 가르치고 있습니까?"

하지만 어떤 것을 가르치고 있다고 한마디로 설명할 수는 없습니다. 나카타니 학교에서는 그날 모인 구성원들과 함께 전날 일어난 일들을 주제로 이야기하는 게 대부분이라서, 막상 그날이 되지 않으면 수업 내용을 알 수 없습니다. 수업 내용이 미리 정해져 있지 않은 것입니다.

어떤 것이라도 직접 체험하면 알 수 있고, 아무리 설명을 들어도 직접 체험하지 않으면 알 수 없는 법입니다. 이것이 체험의 특징입니다. 체험하기 전에 자세한 설명을 요구하는 사람은 결국 그 체험에 참가하지 않게 됩니다.

같이 여행 가고 싶은 사람은
"이번에 ○○에 가는데,
같이 가지 않겠습니까?"라고 말한 순간,
"네, 갈게요!"라고
곧바로 대답하는 사람입니다.
인터넷이라면 즉시 클릭해서
신청하는 그런 사람입니다.
그런 사람에게
"아직 가격도 말하지 않고
날짜도 말하지 않았는데 괜찮나요?"라고
물어보면 "그건 어떻게 될 겁니다"라고
대답합니다.
어떤 것이라도 직접 체험하면 알 수 있고,
아무리 설명을 들어도 직접 체험하지 않으면
알 수 없는 법입니다.

♪ 꿈을 이루기 위해
시간을 얼마나 투자해 보았나요 ♪

"앞으로 강사나 코치, 컨설턴트 일을 하고 싶습니다만…."

50대 사람 중에는 이렇게 말하는 사람이 많습니다. 하지만 하고 싶다는 마음만으로 그 일을 하게 되는 일은 거의 없습니다.

"오랫동안 그 일을 해 와서 그 분야에 관해선 잘 알고 있습니다. 이제 학원을 차려서 사람들에게 가르쳐주고 싶습니다만 어떻게 하는 게 좋을까요?"

이렇게 물어보는 사람에게 저는 다음과 같이 되물어봅니다.

"지금 회사를 그만두면 수입이 얼마나 필요합니까?"

"이 정도가 필요합니다."

"학생은 한 사람에 얼마를 받을 예정인가요?"

"한 달에 10만 원은 받아야 하지 않을까 합니다."

"임대료는 얼마를 예상하고 있나요?"

"그건 아직 알아보지 않았는데, 얼마쯤 들까요?"

"그걸 제게 물어보면 안 되지요."

임대료는 사전에 얼마든지 조사할 수 있습니다. 일단 학원 임대료에 한 달 운영비를 더한 뒤, 한 사람에 10만 원을 받으면 학생이 몇 명 필요한지 계산해봅니다.

학생을 그만큼 모을 수 있는지 없는지는 그 일을 하는 동업자에게 물어보면 알 수 있습니다. 그러면 안이한 계산으로는 학원을 운영하기 힘들다는 사실을 알 수 있을 겁니다.

이것이 구체적인 사업계획이자 월급쟁이를 그만두고 강사가 되어 학원을 차리는 과정입니다. 단지 '하고 싶다'는 마음만으로는 영원히 그 일을 할 수 없습니다.

사업뿐만 아니라 마라톤이나 등산 같은 취미 생활에도 똑같이 적용할 수 있습니다. 마라톤을 하고 싶으면 당장 운동화를 신고 뛰면 되고, 등산하고 싶으면 당장 뒷산에라도 올라가면 됩니다. 직접 체험하지 않고 '하고 싶다'거나 '할 수 있으면 좋겠다'고 말하는 사람은 영원히 그 일을 할 수 없습니다.

여행사에 가면 입구에 팸플릿이 많이 놓여 있습니다. '죽기 전에 ○○에 가보고 싶다'는 꿈이 있는 사람은 적어도 여행사에 가서 팸플릿을 모아야 합니다.

그런데 입만 떼면 '죽기 전에 ○○에 가보고 싶다'고 하면서, "그곳을 여행하려면 얼마나 드나요?"라는 질문에 "글쎄요. 얼마쯤 있으면 될까요?"라고 대답하는 것은 이상하지 않을까요? 죽기 전에 가보고 싶다고 할 만큼 간절한 꿈이면서도, 아무것도 알아보지 않은 것입니다.

여행비라면 무료 팸플릿을 통해 얼마든지 알아볼 수 있습니다. 그런데 '할 수 있으면 좋겠다'라고 생각할 뿐 행동력이 없는 사람은 최소한의 자료도 펼쳐보지 않습니다. 다른 사람에게 자신의 꿈을 말하면서 "얼마 정도 들까요?"라고 묻는 시간이 아까울 정도입니다.

50대에는 '하고 싶다'거나 '할 수 있으면 좋겠다'라고 말하지 말고 '어떻게든 하겠다!'라고 선언하기 바랍니다. 그런 다음에 알아볼 수 있는 것은 틈틈이 알아보면 됩니다. 요즘 웬만한 자료는 인터넷에 다 있으므로 마음만 먹으면 얼마든지 알아볼 수 있습니다.

"꿈을 이루기 위해 시간을 얼마나 투자해서 알아보았는가?"

그것을 보면 그 꿈을 얼마나 이루고 싶은지 알 수 있습니다. 간절히 이루고 싶은 꿈이라면 모든 사람이 뜯어말려도 여기저기 알아보았을 테니까요.

저도 예전에 대학에 떨어져서 재수한 적이 있었습니다. 입시 학원에 다닐 때, 이번에도 대학입시에 실패하면 보스턴으로 유학 가기로 마음먹었습니다. 영화에서 본 아이비리그가 너무도 멋있어서 '어떻게 하면 하버드 대학에 갈 수 있을까?' 하고 관심을 둔 것이 계기였습니다.

풀브라이트 장학금(Fulbright Scholarships. 풀브라이트법에 따라 미국인 이외의 미국 유학생에게 주어지는 장학금)에 관해서 안 것은 그 무렵이었습니다. 경제평론가로 유명한 다케무라 겐이치 씨가 그 장학금을 받아서 미국으로 유학을 다녀왔다는 글을 본 것입니다. 다음 날, 곧바로 관계 기관에 가서 풀브라이트 장학금 신청 서류를 받아왔습니다.

물론 이듬해 대학에 합격하면서 장학금 신청 서류는 책상 서랍 안으로 들어갔지만, 꿈을 이루고 싶다면 반드시 길이 있다는 사실을 안 것도 그때였습니다.

하고 싶은 일을 할 수 있느냐 없느냐는 그 꿈에 도전하기 전에 미리 해야 할 일을 하고 있느냐 없느냐로 정해집니다. 아무런 준비도 하지 않은 상태에서 꿈을 이루는 일은 있을 수 없습니다. 꿈을 이룰 수 있는 자격이 있는 사람은 오직 미리 준비한 사람뿐입니다.

〈50대를 가장 젊게 사는 방법〉

하고 싶은 것이 있다면 '어떻게든 하겠다!'라고 선언합니다

50대에는 '하고 싶다'거나
'할 수 있으면 좋겠다'라고
말하지 말고
'어떻게든 하겠다!'라고
선언하기 바랍니다.

그런 다음에 알아볼 수 있는 것은
틈틈이 알아보면 됩니다.
요즘 웬만한 자료는 인터넷에
다 있으므로 마음만 먹으면
얼마든지 알아볼 수 있습니다.

"꿈을 이루기 위해
시간을 얼마나 투자해서
알아보았는가?"

그것을 보면 그 꿈을 얼마나
이루고 싶은지 알 수 있습니다.
간절히 이루고 싶은 꿈이라면
모든 사람이 뜯어말려도
여기저기 알아보았을 테니까요.

♪ 배우지 않는 것은
돈이나 시간이 아니라
용기가 없기 때문이 아닐까요 ♪

"그것을 배우고 싶지만, 돈이 없습니다."

"아무리 해도 시간이 나지 않습니다."

"지금의 상황이 그것을 하도록 내버려두지 않습니다."

이런 식으로 뭔가를 배우거나 체험하지 못하는 것에 핑계를 대는 사람이 있습니다.

꿈에 도전하는 사람은 돈이 많거나 시간이 남아돌거나 방해 요소가 없었던 것이 아닙니다. 다른 사람과 달리 그가 가지고 있는 것은 단 하나, 용기입니다.

즉, 꿈에 도전하지 못할 때에는 이런저런 핑계를 대지 말고 자신에게 용기가 없다는 사실을 깨달으면 됩니다. 용기가 없다는 사실을 깨달으면 이래서는 안 된다고 생각해서 얼마든지 개선할 수 있으니까요.

돈이나 시간 탓으로 돌리는 것은 매우 편한 일입니다. 어쩔 수 없다고 포기하며 더는 노력하지 않아도 되는 것입니다.

댄스를 배우고 싶지만 좀처럼 시간이 나지 않는다고 말하는 사람은 영원히 댄스를 배울 수 없습니다. 댄스를 배우는 사람은 결코 한가한 사람만이 아닙니다. 때로는 돈이 없어서 배울 수 없다고 말하는 사람도 있습니다. 물론 개인 지도를 받으려면 적지 않은 돈을 내야 합니다. 하지만 진심으로 배우고 싶다면 여러 가지 방법을 궁리할 수 있습니다. 매주 개인 지도를 받는 것이 부담된다면 한 달에 한 번만 받으면 됩니다. 그리고 어느 정도 익숙해지면 저렴한 단체 지도를 받으면 됩니다.

돈이 없거나 시간이 없다는 말은 결국 배우고 싶은 마음이 그것밖에 되지 않는다는 증거일 뿐입니다. 집이 멀어서 배울 수 없다고 말하는 사람은 집에서 가까운 학원에도 가지 않습니다. 돈이 없어서 배울 수 없다고 말하는 사람에게 "조금 깎아주면 배울 건가요?"라고 물어보면, 갑자기 다른 핑계를 대기도 합니다.

실제로 제일 열심히 배우는 사람은 정말 바쁘고 가장 집이 먼 사람입니다. 그러는 편이 배우려는 의지가 강해지는 것입니다.

나카타니 학교에 다니는 사람도 집이 가까운 이들보다 먼 경우가 더 많습니다. 수강 횟수가 많은 사람은 거의 지방에 사는 사람입니다. 집에서 가까우면 언제든지 갈 수 있다고 생각해서 뒤로 미루게 되기 때문입니다. 회사나 학교도 마찬가지입니다. 집이 먼 사람이 더 일찍 출근하고, 더 일찍 등교하는 현상은 누구나 경험한 적이 있을 것입니다.

거리가 멀다는 불편함이나 장애물은 반드시 하고 싶다는 의지로 이어지는 특징을 가지고 있습니다. 하지만 하고 싶어 하지 않거나 배우고 싶어 하지 않는 사람에게는 할 수 없다는 변명이나 대의명분으로 변하는 특징도 가지고 있다는 걸 기억하시기 바랍니다.

〈 50대를 가장 젊게 사는 방법 〉

하고 싶은 것을 못 한 것을 돈이나 시간 탓으로 돌리지 않습니다

돈이 없거나 시간이 없다는 말은 결국 배우고 싶은 마음이 그것밖에 되지 않는다는 증거일 뿐입니다. 집이 멀어서 배울 수 없다고 말하는 사람은 집에서 가까운 학원에도 가지 않습니다. 돈이 없어서 배울 수 없다고 말하는 사람에게 "조금 깎아주면 배울 건가요?"라고 물어보면, 갑자기 다른 핑계를 대기도 합니다.

실제로 가장 열심히 배우는 사람은 가장 바쁘고 가장 집이 먼 사람입니다. 그러는 편이 배우려는 의지가 강해지는 것입니다.

♪ 체험만큼 인생을 풍요롭게 만들어주는 것은 없습니다 ♪

"노후에 대비해 열심히 저축하고 있습니다."

50대 중에는 이렇게 말하는 사람을 흔히 볼 수 있습니다. 물론 노후를 대비해 저축하는 일은 나쁜 일이 아닙니다. 하지만 '열심히 저축한다'는 말은 다양한 체험을 참는다는 뜻이 아닐까요?

인생을 젊게 살고 즐겁게 사는 사람은 저축한 돈은 별로 없지만, 체험을 많이 한 사람입니다. 체험을 많이 하면 인생이 풍요로워지게 됩니다. 체험을 많이 하면 남은 인생이 달라집니다. 또한, 그 사람의 이야기를 듣기 위해 주변에 사람들이 모이게 됩니다.

"같이 밥 먹고 싶어요."

"같이 술 마시지 않을래요?"

이런 말을 듣는 50대는 사실 돈이 별로 없습니다. 지금까지 수

많은 놀이에 돈을 사용한 것입니다.

하지만 돈을 쏟아부어 인생을 즐겼기에, 오로라를 보러 가서 결국 보지 못했다는 이야기도 할 수 있습니다. 오로라를 봤다는 이야기보다 아이슬란드까지 가서 결국 보지 못했다는 이야기가 더 재미있고 흥미진진하지 않을까요?

주변 사람들은 눈을 반짝이며 이렇게 묻곤 합니다.

"거기까지 가서 오로라도 못 보고 뭐 하셨어요?"

실패담을 듣고 싶은 것입니다. 체험을 많이 한 사람으로부터는 즐거운 실패담을 들을 수 있으니까요.

책과 영화에 돈을 많이 쓴 사람은 책과 영화 이야기를 끊임없이 할 수 있습니다. 그런 사람에게는 주변에서 사람들이 많이 모일 수밖에 없습니다.

저축을 많이 했다는 자랑은 결국 체험을 게을리했다는 고백에 지나지 않습니다. 그런 사람에게서는 아무 이야기도 들을 수 없습니다.

저축은 저축으로 끝나지만, 체험을 많이 하면 그것을 통해 다른 사람과의 만남이 생겨납니다. 더구나 흥미진진한 이야기를 듣고 싶어 하는 사람이 모이는 만큼, 50대에는 노후의 저축을 사용해서라도 다양한 체험을 해두어야 합니다.

50대의 눈앞에는 돈을 남기느냐, 친구를 만드느냐는 양자택일의 인생이 놓여 있습니다. 체험을 많이 하면 친구를 만들 수 있지만, 돈을 남기면 친구를 만들 수 없습니다. 부자에게는 돈을 노리는 사람이 개미떼처럼 달려들 뿐입니다.

인생을 즐겁게 살고 싶습니까? 그러면 한 가지라도 더 많은 것을 체험하시기 바랍니다.

> ⟨ **50대를 가장 젊게 사는 방법** ⟩
>
> 조금이라도 빨리 체험의 양을 늘립니다

노후를 대비해 저축하는 일은
나쁜 일이 아닙니다.
하지만 '열심히 저축한다'는 말은
다양한 체험을 참는다는 뜻이 아닐까요?
인생을 젊게 살고
즐겁게 사는 사람은
저축한 돈은 별로 없지만,
체험을 많이 한 사람입니다.
체험을 많이 하면
인생이 풍요로워지게 됩니다.
체험을 많이 하면 남은 인생이 달라집니다.

여행에서는 일정을 짜는 것도 중요하지만,
그보다 더 중요한 것은
짜놓은 일정을 버리는 것입니다.

일정을 추가하는 것은 간단합니다.
하지만 짜놓은 일정은
좀처럼 버릴 수 없습니다.
'밤새워 일정을 짰는데.'
'남은 인생에서 다시는 올 수 없을지도 모르는데.'
이렇게 생각하면 예상치 못한 상황을
받아들일 수 없습니다.
예상치 못한 상황을 받아들이면
나머지 일정이 엉망이 되는 것입니다.
하지만 진정한 체험은
예상치 못한 상황에서 할 수 있는 법입니다.

♪ 나잇값을 하면
순식간에 늙어버립니다 ♪

50대에 새로운 일을 시작하려고 하면 꼭 이렇게 말하는 사람이 있습니다.

"다 늙어서 그런 건 무슨⋯."

"나잇값도 못하고⋯."

"뭐? 지금 제정신이야? 그 나이에 그런 걸 하다니!"

이런 말을 하는 사람은 이미 늙은 것입니다. 50대에는 순식간에 늙는 사람과 다시 젊어지는 사람으로 나누어집니다. 실제 나이와 정신연령이 가장 크게 차이 나는 나이대가 바로 50대이기 때문입니다.

그것을 피부로 실감할 수 있는 곳이 있습니다. 바로 동창회입니다. 50대에 동창회에 가보면 나이보다 젊어 보이는 사람과 나이보다 늙어 보이는 사람으로 뚜렷하게 나누어집니다.

나이에 맞는 일을 하고 있으면 계속 늙어갈 수밖에 없습니다.

건강검진을 받으러 갔을 때 의사가 이렇게 말하는 경우가 있습니다.

"지금이 딱 좋습니다. 나이에 잘 맞는군요."

하지만 이런 조언은 듣지 않아도 됩니다.

"나는 이런 운동을 할 수 있도록 몸이 더 탄탄했으면 좋겠습니다."

이렇게 말했을 때, "그럼 앞으로 이런 식으로 하세요"라고 조언해주는 의사를 선택하는 편이 좋습니다.

50대 이후의 사람에게 나이에 맞게 살라는 말은 나머지 인생을 포기하라는 것과 같습니다. 어느 나이대라도 나이에 맞게 살지 않아도 됩니다.

"앞으로 철인3종경기를 하고 싶습니다. 철인3종경기를 할 수 있도록 몸을 단련하기 위해서는 어떤 부분에 신경 쓰면 좋은지 말씀해주세요."

건강검진 결과를 말해주는 의사에게는 이렇게 말해야 합니다.

표준치에 들어갔다고 해서 좋아해서는 안 됩니다. 표준치는 이상적인 수치가 아니라 모든 사람의 평균치일 뿐입니다. 즉, '그 나이에 맞는다'는 뜻인 만큼 50대의 표준인 사람은 그때부터 눈에 띄게 늙어가게 됩니다.

건강검진을 받으러 간다면 건강 상태가 가장 좋을 때 데이터를 측정하는 편이 좋습니다. 그리고 그때보다 수치가 좋아지도록 열심히 몸을 단련하는 것입니다.

대부분의 자신이 언제 건강검진을 받는지 알고 있습니다. 그래서 건강검진을 받으러 가기 일주일 전부터는 평소와 다르게 생활합니다. 건강검진을 위해 몸을 조정하고 있는 것입니다.

평소에 매일 마시던 술도 마시지 않고, 담배도 피우지 않습니다. 생활도 되도록 규칙적으로 하게 됩니다. 이런 상황에서는 정확한 데이터가 나올 수 없지 않을까요?

중요한 것은 실제 나이가 아니라 정신적인 나이입니다. '나잇값도 못한다'는 말을 듣는 일이 인생을 즐겁게 만들어주는 일이라는 사실을 잊지 마시기 바랍니다.

〈 50대를 가장 젊게 사는 방법 〉

나잇값도 못한다고 생각할 수 있는 일을 해봅니다

"다 늙어서 그런 건 무슨…."
"나잇값도 못하고…."
"뭐? 지금 제정신이야? 그 나이에 그런 걸 하다니!"

이런 말을 하는 사람은 이미 늙은 것입니다. 50대에는 순식간에 늙는 사람과 다시 젊어지는 사람으로 나누어집니다. 실제 나이와 정신연령이 가장 크게 차이 나는 나이대가 바로 50대이기 때문입니다.

♪인생의 진정한 승리자는
체험하는 사람입니다♪

"책을 보면 평소에 내가 생각하던 것과 똑같이 쓴 사람이 많더군요. 그 정도면 저도 얼마든지 쓸 수 있을 것 같습니다. 저도 지금까지 경험한 것들을 책으로 내고 싶습니다."

50대 사람 중에는 이렇게 말하는 사람이 있습니다. 자기 생각과 똑같이 썼다고 해서 자신도 쓸 수 있다고 생각하는 것은 크나큰 착각입니다. 그 책은 아직 말이 되지 않은 상태에서 전문적인 작가가 말로 만들어낸 것입니다. 그런 사실을 모르는 사람들은 이렇게 묻곤 합니다.

"어떻게 하면 글을 잘 쓸 수 있을까요? 쓰고 싶은 건 많은데, 문장력이 없어서 글을 쓸 수 없습니다."

물론 문장력이 있어서 글을 잘 쓰는 것은 좋은 일입니다. 하지만 그보다 더 중요한 것은 내용입니다. 아무리 글을 잘 써도 어

디에서나 볼 수 있는 내용이거나 흔하디흔한 내용이라면 아무
런 재미가 없으니까요.

독자들은 문장이 조금 딱딱하더라도 놀라운 이야기를 하는 사
람, 상상도 할 수 없는 이야기를 하는 사람의 글을 읽고 싶어 합
니다. 그리고 그런 글을 쓰기 위해서는 아무도 하지 않은 체험
을 할 필요가 있습니다. 그런 체험을 하면 누구나 읽고 싶어 하
는 책을 쓸 수 있으니까요.

"지금 글쓰기 교실에 다니고 있습니다. 더구나 성인비디오를
5천 편 보면서 어떻게 하면 여성을 멋지게 유혹할 수 있는지 연구
했습니다."

"나는 글도 써본 적이 없이 글쓰기 교실에도 다닌 적이 없지
만, 성인비디오 5천 편에 출연했습니다."

당신이라면 이 두 사람 중에서 어떤 사람의 책을 읽겠습니
까? 결국, 압도적인 승리를 차지하는 이는 체험을 많이 한 사람
입니다. 인생을 즐겁게 살고 싶다면 방 안에서 연구만 하지 말
고, 당장 밖에 나가서 체험하시기 바랍니다.

⟨ 50대를 가장 젊게 사는 방법 ⟩

책으로 낼 수 있을 만큼 체험해봅니다

독자들은 문장이 조금 딱딱하더라도
놀라운 이야기를 하는 사람,
상상도 할 수 없는 이야기를 하는 사람의
글을 읽고 싶어 합니다.
그리고 그런 글을 쓰기 위해서는
아무도 하지 않은 체험을
할 필요가 있습니다.
그런 체험을 하면 누구나 읽고 싶어 하는
책을 쓸 수 있으니까요.

이점만 따지다 보면
진정한 체험을 할 수 없습니다

어떤 것을 체험하려고 할 때, 항상 망설이는 사람이 있습니다. 그런 사람은 체험하기 전에 꼭 이런 말을 합니다.

"그것을 하면 어떻게 되나요?"

"그것을 하면 어떤 이점이 있나요?"

최근에 1박 2일로 절의 생활을 체험해볼 수 있는 템플스테이가 유행하고 있습니다. 템플스테이를 신청할 때 "이번 1박 2일 체험으로 깨달음을 얻을 수 있습니까?"라고 질문한다면 좀 이상하지 않을까요?

덕력이 높은 90세의 큰스님도 아직 깨달음을 얻지 못했다고 하시는데, 겨우 1박 2일에 깨달음을 얻는 것은 있을 수 없는 일입니다.

체험을 망설이는 사람은 항상 '그것을 하면 어떻게 되는 것일까?라고 머릿속으로 계산합니다. "그것을 하면 어떤 이점이 있나요?"라고 물으며 살아온 사람은 예측할 수 있는 체험은 해도, 예측할 수 없는 것은 하지 않습니다.

이 세상에 있는 100개의 체험 중 99개는 예측할 수 없습니다. 또한, 직접 해보지 않으면 아무도 결과를 모르고, 체험한 뒤의 느낌은 사람마다 모두 다릅니다. 더구나 결과를 예측할 수 없기에 즐거움이 더 커지는 법이지요.

템플스테이를 체험해본 사람은 그곳에서 어떤 일을 하는지, 어떤 의식의 변화가 일어났는지, 어떤 좋은 점이 있었는지 알 수 있습니다. 반면에 체험해보지 않은 사람은 '그런 것이 있구나' '해봐야 아무것도 얻을 수 없어'라고 생각합니다.

예측할 수 있는 것과 예측할 수 없는 것이 있을 때는 예측할 수 없는 일을 해보는 것이 좋습니다. 그러면 상상도 할 수 없었던 멋진 경험을 할 수 있을 테니까요.

⟨ **50대를 가장 젊게 사는 방법** ⟩

예측할 수 없는 일을 시도해 봅니다

이 세상에 있는
100개의 체험 중
99개의 체험은
예측할 수 없습니다.
또한, 직접 해보지 않으면
아무도 결과를 모르고,
체험한 뒤의 느낌은
사람마다 모두 다릅니다.
더구나 결과를 예측할 수
없기에 즐거움이
더 커지는 법이지요.

예측할 수 있는 것과
예측할 수 없는 것이 있을 때는
예측할 수 없는 일을
해보는 것이 좋습니다.
그러면 상상도 할 수
없었던 멋진 경험을
할 수 있을 테니까요.

자기보다
어린 이로부터
배울 수 있을 때 진짜
성장합니다

♪ 결과로 즐거울 때는 '으하하!', 과정으로 즐거울 때는 '두근두근!'을 기억하세요 ♪

이 세상에 즐겁게 살고 싶지 않은 사람이 있을까요? 사람은 누구나 즐겁게 살고 싶어 하고, 그런 감정은 나이가 들수록 더욱더 간절해집니다. '즐겁다'는 말에는 두 가지 감정이 담겨 있습니다. 바로 '으하하'와 '두근두근'입니다.

이 두 가지 감정은 비슷한 것 같지만 미묘한 차이가 있습니다. '으하하'는 이미 일어난 일에 사용하는 기쁨의 감정이고, '두근두근'은 앞으로 일어날 일에 사용하는 설렘의 감정입니다.

"로또에 당첨되어서 으하하!", "주가가 올라서 으하하!", "여성들에게 인기가 있어서 으하하하!"라는 식으로 '으하하'는 이미 일어난 일에 웃는 모습입니다.

"로또에 당첨될 것 같아서 으하하!", "주가가 오를 것 같아서 으하하!", "여자들에게 인기가 있을 것 같아서 으하하하!"라는 식으로 미래의 즐거움을 나타낼 때에는 어울리지는 않습니다.

한편, 지금 뭔가를 배우고 있는 사람은 언젠가 그 분야에서 경지에 올랐을 때의 자기 모습을 떠올리면 가슴이 두근거립니다. 춤을 배우고 있는 사람은 언젠가 참석할 댄스파티를 상상하면 가슴이 두근거리고 입가에 미소가 감돌게 됩니다.

아직 일어나지 않은 즐거움을 상상하거나 미처 결과가 손에 들어오지 않은 즐거움을 상상하면 자기도 모르게 가슴이 '두근두근'하지요. 즉, 지금 즐겁지 않다고 말하는 사람은 '아직 결과가 손에 들어오지 않았다'라고 말하는 것이나 마찬가지입니다.

30대와 40대에는 '으하하'란 감정과 '두근두근'이란 감정을 모두 즐길 수 있습니다. 작은 행운에도 큰 웃음을 터트렸고 미래를 생각하면 가슴이 두근거리기도 했습니다. 다시 말해 결과와 과정을 모든 즐길 수 있었던 것입니다.

그런데 50대에 접어들면 앞이 보이지 않습니다. 급여도 적어지고 직책도 낮아지며 정년퇴직이 코앞으로 다가온 현실을 생각하면 마냥 즐거울 수가 없습니다. 그렇다면 50대인 지금 손에 넣을 수 있는 즐거움은 결과로 얻는 '으하하'가 아니라 과정으로 즐기는 '두근두근'이 아닐는지요. 두근두근을 느끼기 위해서

자기보다 어린 이로부터 배울 수 있을 때 진짜 성장합니다

는 결과에 상관없이 과정을 즐길 수 있는 일을 해야 합니다. 그
것이 50대를 최대한 즐겁게 살 수 있는 가장 좋은 방법이니까요.

〈 50대를 가장 젊게 사는 방법 〉

결과에 상관없이 지금 즐길 수 있는 일부터 시작합니다

자기보다 어린 이로부터 배울 수 있을 때 진짜 성장합니다

50대인 지금 손에 넣을 수 있는 즐거움은
결과로 얻는 '으하하'가 아니라
과정으로 즐기는 '두근두근'이 아닐런지요.

두근두근을 느끼기 위해서는
결과에 상관없이 과정을 즐길 수 있는
일을 해야 합니다.

그것이 50대를 최대한 즐겁게 살 수 있는
가장 좋은 방법이니까요.

♪ 선입견을 없애야
삶이 행복합니다 ♪

50대가 되면 갑자기 거만해지거나 권위를 내세우는 이들이 많아집니다. 40대까지만 해도 소탈했던 사람이 50대가 되면 갑자기 어깨에 힘이 들어가는 것이지요. 그런 사람은 상대가 먼저 말을 걸 때까지 말을 걸지 않습니다. 상대가 먼저 인사할 때까지 인사하지도 않고요. 자신이 더 높은 사람이니까 상대가 먼저 말을 걸고 인사하는 게 당연하다고 여기는 것이겠지요.

심지어 전화를 걸어 상대가 받으면 자신의 이름을 말하지 않고 "나야"라고 말합니다. 이는 이름을 말하지 않아도 상대가 자신을 알고 있어야 당연하다고 여겨서입니다. 전화를 신입사원이 받았다면 상대방이 먼저 이름을 말하지 않으면 누군지 몰라서 고개를 갸웃거리게 됩니다. 만약 30대의 사원이라면 아직 모든 사람이 자신의 이름을 알지는 못하므로 먼저 이름을 말해야 합니다. 또한 면접을 볼 때는 먼저 이름을 말하는 것이 당연합니다. 그런데 50대가 되면 이직의 면접에서도 황당한 상황이 발생합니다.

"무슨 말을 해야 할지 모르겠군요. 궁금한 게 있으면 뭐든지 물어보십시오. 대답해드리겠습니다."

이런 식으로 50대인데 면접을 보러 갔을 때도 본인이 먼저 말할 생각은 털끝만큼도 없는 이들도 있습니다. 기차에서 우연히 옆자리에 앉거나 파티에서 얼굴을 마주쳐도 상대가 먼저 말을 걸었을 때만 대답하고, 자신이 먼저 말하려고 하지 않습니다. 이런 사람은 정신적인 장애물, 다시 말해 마음의 장벽이 높은 것입니다.

하지만 처음 보는 사람에게 먼저 말을 걸면 마음의 장벽을 낮출 수 있습니다. 예를 들어 서울역에서 부산행 KTX를 탔을 때는 광명역까지가 승부처입니다. 서울역에서 광명역까지는 KTX로 15분이 걸립니다. 이 15분 사이에 옆자리 승객에게 말을 걸 수 없으면 그 다음에도 계속 말을 걸 수 없습니다.[1] 대전역부터는 아예 입도 뻥긋할 수 없습니다.

---

1) 역자 주 - 이해하기 쉽도록 일본의 신칸센의 예를 KTX로 바꿔 설명하였습니다.

옆자리 승객의 마음속에 이미 '이 사람은 말을 걸지 않는 사람' 이라는 장애물이 생긴 것입니다.

대전역에 도착하고 나서 갑자기 "부산에는 무슨 일로 가십니까?"라고 물으면 왠지 무서운 느낌이 듭니다. 깜짝 놀라는 상대방의 모습을 보면 "괜히 쓸데없는 걸 물었나 보군"이라고 생각해서 자신도 마음의 문을 닫아버립니다.

이처럼 상대방의 경계심을 허무는 비결은 열차에 타자마자 가방을 선반에 올리면서 말을 거는 것입니다. 몸을 움직일 때는 말하기 쉽지만, 자리에 앉아서 안정되면 말하기 어려워지거든요.

'상대가 먼저 인사하는 게 당연하다.'

'상대가 먼저 이름을 말하는 게 당연하다.'

50대가 되어서 이런 생각은 하지 말아야 합니다. 누구에게나 먼저 스스럼없이 이름을 말할 수 있는 사람은 마음의 장벽이 없는 사람입니다. 그런 사람은 누구보다도 50대를 젊게 살고, 즐겁게 보낼 수 있습니다.

〉 50대를 가장 젊게 사는 방법 〈

상대방보다 먼저 자신을 소개합니다

♪ 부하 직원에게 인정받는 상사의 조건은 무엇일까요 ♪

50대를 즐겁게 살기 위해서는 인간관계를 많이 만들어야 합니다. 그렇다면, 어떻게 해야 할까요? 인간관계를 만드는 데 가장 필요한 것은 바로 만남입니다.

만남의 기회는 매우 단순합니다. 점심을 먹으러 갔을 때, 음식점에 자리가 없어서 우연히 다른 사람과 합석하는 경우가 있습니다. 그때 '앗 싫다'라고 생각해서는 안 됩니다. 기차에서도 우연히 옆자리에 승객이 앉았을 때, 빈자리로 옮기려고 하기보다는 옆자리에 있는 상대방에게 느낌 좋은 사람이 되는 것은 어떨까요?

기차에 탔을 때도, 점심때 음식점에서 우연히 합석했을 때도, 연신 가슴이 두근거릴 수 있습니다. 상대방도 당신만큼 가슴이 두근거릴 것입니다. 새로운 사람을 만나는 것은 그만큼 가슴 떨리는 일입니다. 택시를 탔을 때, 운전기사가 마음에 들지 않는 경우가 있습니다. 그런 마음은 얼굴에 고스란히 나타나서, 운전기사도 이 승객은 마음에 들지 않는다고 여기게 됩니다.

우연히 누군가를 만났을 때는 상대에게 느낌이 좋은 사람이 되어야 합니다. 그리고 그런 사람이 되기 위해서는 한 가지 갖추어야 할 것이 있습니다. 바로 애교입니다. 애교를 여성의 전유물이라고 여기는 사람이 있는데, 그것은 커다란 착각입니다. 애교는 곧 친절한 마음이자 남을 배려하는 다정한 마음이니까요.

예전에 50대 직장인을 대상으로 설문 조사를 한 적이 있는데, "어떤 부하 직원이 좋습니까?"라는 질문에 가장 많은 것은 역시 "애교 있는 사람이 좋다"는 대답이었습니다.

부하 직원에게 물었을 때도, 상사의 덕목 중에서 가장 중요한 것은 애교란 대답이 돌아왔습니다. 군대에서도, 리더십의 요소 중에 애교란 항목이 들어 있습니다. 사랑받는 리더는 애교가 있는 사람이 많습니다.

50대 사람들이 흔히 하는 착각이 있습니다. 바로 '부하 직원을 비롯해 사람들에게 존경받기 위해서는 위엄이 있어야 한다고 여기는 것'입니다. 그런 선입견에 사로잡히면 일부러 심각한 표정을 짓기도 합니다. 사진을 찍을 때도 웃지 않습니다. 부하 직원에게는 애교를 바라면서, 자신이 애교를 보여주면 위엄이 없다고 여기는 것이지요.

당신이 어떤 일에 성공했을 때는 애교를 보여주지 않아도 됩니다. 하지만 실수했을 때는 애교를 보여주는 것이 좋습니다. 그럴 때는 엉뚱한 표정을 지으며 은근슬쩍 넘어가는 것이 애교입니다. 또한 실수한 다음에는 밝게 행동해야 합니다. **다짜고짜 화를 내며 실수를 무마하려는 순간, 그 실수는 잘못으로 바뀌게 됩니다.**

어차피 실수를 돌이킬 수 없다면, 환한 표정과 밝은 말투로 실수를 인정하는 편이 좋습니다. 이처럼 실수를 저질렀을 때 밝게 행동하면 부하 직원들은 물론이고 모두 밝은 마음으로 따르게 되지 않을까요?

> ── 50대를 가장 젊게 사는 방법 ──
>
> 실수하고 나면 이를 인정하고 밝게 행동합니다

우연히 누군가를 만났을 때는
상대에게 느낌이 좋은 사람이 되어야 합니다.
그리고 그런 사람이 되기 위해서는
한 가지 갖추어야 할 것이 있습니다.
바로 애교입니다.

애교를 여성의 전유물이라고
여기는 사람이 있는데,
그것은 커다란 착각입니다.
애교는 곧 친절한 마음이자
남을 배려하는 다정한 마음이니까요.

♪ 어린 선생님에게 배우는 것을 꺼리지 않을 때 한 번 더 성장합니다 ♪

30대까지만 해도 무엇인가를 가르쳐주는 선생님은 대부분 자신보다 나이가 많았습니다. 그런데 40대가 되면 자신보다 나이가 어린 선생님이 하나둘씩 늘어나고, 50대에 접어들면 나이 많은 선생님보다 나이가 어린 선생님이 더 많아집니다. 30대나 40대 선생님은 물론이고, 개중에는 자식뻘 되는 사람에게 배워야 하는 일도 있습니다. 50대에는 두 유형의 사람으로 나누어집니다. 바로 주변의 모든 사람을 선생님으로 여기는 이와 나보다 어린 사람은 선생님으로 여기지 않는 이입니다. 하지만 나이가 어리더라도 굉장한 사람으로부터 배우지 않으면 본인만 손해가 아닐까요?

주변을 둘러보면 나이가 어려도 한 가지 분야를 깊이 파고든 덕분에 전문적 지식을 가지고 있는 사람이 적지 않습니다. 그런 사람으로부터 하나라도 배우겠다는 자세를 가지는 것이 중요합니다.

50대에 인생을 즐기지 못하는 사람 중에는 자신보다 어린 사람에게서 배우는 것에 저항감을 가지고 있는 이들이 많습니다. '나보다 어린 사람이 뭘 알겠어? 나보다 어린 사람에게서는 배울 필요가 없어'라고 여기는 것이지요. 50대에 영어를 배우러 학원에 가면, 선생님이 외국에서 공부한 20대 젊은이인 경우가 많이 있습니다.

수업하면서 선생님이 물어봅니다.

"○○씨, 이럴 때는 뭐라고 말하죠? 이것도 모르세요? 벌써 몇 번이나 나왔고, 지난번에도 말했잖아요?"

그런 말을 들으면 발끈해서 선생님에게 나이를 물어본 뒤, 마음속으로 이렇게 중얼거리곤 합니다.

"나는 그 나이에 아침 일찍 출근해서 밤늦게까지 일했어. 그 덕분에 우리나라가 이렇게 잘살게 됐다고! 나 같은 사람에게 존경심을 가져!"

하지만 시대가 바뀌었다는 사실을 모르거나 시대의 흐름을 읽지 못하는 사람은 남은 인생을 즐겁게 살 수 없습니다. '뭔가를 배운다'라는 것은 선생님을 존경함과 동시에 지식을 습

득한 과정을 존경한다는 뜻입니다. 나보다 어린 사람을 존경할 수 없는 사람은 50대 이후에 누구에게도 배울 수 없고, 남은 인생을 즐길 수도 없다는 사실을 기억하시기 바랍니다.

〈 50대를 가장 젊게 사는 방법 〉

자신보다 나이 어린 사람을 존경하는 마음을 가져봅니다

지금 배우지 않는 사람은 참견쟁이가 될 뿐입니다

"지금까지 일한 경험을 바탕으로 컨설팅하고 싶은데, 어떻게 하면 될까요?"

"학원에서 강의하고 있는데, 학생들이 오지 않습니다. 처음에는 아는 사람들이 들으러 와줬는데, 그 사람들도 더는 오지 않습니다. 어떻게 하면 좋을까요?"

'나카타니 학교'를 통해 세미나와 워크숍, 그룹 레슨, 개인 컨설팅을 하고 있어서 그런지, 저에게는 가끔 이렇게 물어보는 분들이 있습니다. 50대가 되면 그때까지의 경험을 살려서 강사나 컨설턴트가 되고 싶어 하는 사람이 하나둘 늘어납니다. 50대 중에는 남을 가르치고 싶어 하는 사람이 많습니다. 자기 경험을 말해주는 것까지는 좋지만, 그것이 지나치면 상대와의 거리는 멀어질 수밖에 없습니다.

골프를 배우기 위해 골프 연습장에 갔을 때, 가장 난감한 일은 무엇일까요? 난생처음 보는 사람이 자꾸만 가르쳐주려고 하는 게 아닐까요? 같이 온 사람도 제쳐놓고 옆 사람을 가르치려고 하는 이는 어디에서나 만날 수 있습니다.

특히 예쁜 여성이 있으면 더욱 열심히 가르쳐주려고 합니다.

"그렇게 치면 안 돼요. 클럽을 이리 줘봐요."

그러면 그 여성은 다음날부터 오지 않게 됩니다. 골프 연습장 쪽에서 보면 영업 방해로 신고하고 싶은 정도입니다. 상급자 중에는 그런 사람이 거의 없지만, 초보자 중에는 상대에 대해 가르치려고 드는 참견쟁이가 많습니다. 그동안 누군가에게 배우면서 쌓인 스트레스를, 누군가를 가르침으로써 풀려고 하는 것입니다.

그 결과, 정말로 배우고 싶어 하는 사람은 그 사람에게 다가가지 않습니다. 오히려 한쪽 구석에서 묵묵히 연습하는 사람에게 다가가서 "이럴 때는 어떻게 하면 되죠? 한 수 가르쳐주세요"라고 말하고 싶어집니다.

사람은 "내가 한 수 가르쳐줄까?"라고 말하며 다가오는 사람에게서는 배우고 싶어 하지 않습니다. 오히려 섣불리 나서지 않고, 가르쳐주지 않는 사람에게서 배우고 싶은 법입니다.

책도 마찬가지입니다. 책을 내고 싶어서 안달하는 사람보다는 "책을 내는 건 참 귀찮은 일이야. 하지만 나 자신을 위해서도 이것은 글로 남겨놓는 게 좋겠군"이라는 사람의 책을 읽고 싶어 하게 됩니다. 남에게 자신의 지식을 나누어주는 것은 좋은 일입니다. 그러면 본인도 공부가 되고, 자기 자신을 그대로 받아들이는 자기 긍정감도 높아집니다.

남을 가르쳐줘도 단순한 참견쟁이로 끝나지 않는 방법이 있습니다. 바로 열심히 공부하는 것입니다. 열심히 공부하는 사람은 자신이 원하지 않아도 모든 사람으로부터 "한 수 가르쳐주세요"라는 말을 듣게 됩니다.

지금 열심히 공부하거나 무언가를 배우고 있는 사람은 단순한 참견쟁이가 되지 않습니다. 반면에 공부하지 않거나 배움을 그만둔 사람은 단순한 참견쟁이로 끝나게 됩니다. 골프 연습장에서도 하나라도 더 배우기 위해 잘하는 사람을 지켜보는 사람은 남을 가르칠 여유가 없습니다. 그런데 나는 웬만큼 할 수 있다. 저 사람보다 훨씬 낫다'라고 생각하는 사람은 잘하는 이로부터 배우려 하지 않고, 자기보다 못하는 사람을 찾아내 훈수를 두려고 합니다.

상사의 역할 중 한 가지는 부하 직원을 가르치는 것입니다. 자신이 지금까지 회사에서 배운 수많은 노하우를 부하 직원에게 전해주는 것이 상사가 할 일입니다. 그렇다면 부하 직원 쪽에서는 어떤 상사에게 배우고 싶어 할까요? 열정적으로 노력하고 끊임없이 공부하는 상사일까요? 아니면 공부도 하지 않고 입으로만 일하는 상사일까요? 열심히 노력하고 끊임없이 공부하는 상사에게 배우고 싶다고 생각하는 것은 누구나 마찬가지일 것입니다.

강사나 코치도 그렇습니다. 수강생들은 관심 없는 척하면서도 세심하게 지켜보고 있습니다. 자기 상사나 코치가 지금 얼마나 열심히 공부하는지, 얼마나 온 힘을 다해 노력하는지 말이지요. 그리고 늘 공부하고 계속 노력하는 사람에게서 배우려고 합니다.

늘 공부하지 않는 사람은 언제 들어도 똑같은 말만 반복합니다. 반면에 남들이 보지 않을 때도 열심히 공부하는 사람은 매번 새로운 이야기를 하고 새로운 노하우를 전해줍니다. 그런 사람에게는 마음 깊은 곳에서 존경심이 솟구칠 수밖에 없겠지요.

가장 한심한 강사는 5년 전에 한 이야기를 지금도 반복하는 사람입니다. 강의 도중에 하는 개그까지 완전히 똑같습니다. 만날 때마다 똑같은 이야기만 반복하는 사람의 이야기를, 과연 듣고 싶어 하는 사람이 있을까요? 사람은 누구나 새로운 이야기를 듣고 싶어 하고, 신선한 노하우를 알고 싶어 하는 법이니까요.

◁ 50대를 가장 젊게 사는 방법 ▷

주제넘은 참견쟁이가 되지 않도록 주의합니다

남에게 자신의 지식을 나누어주는 것은
좋은 일입니다.
그러면 본인도 공부가 되고,
자기 자신을 그대로 받아들이는
자기 긍정감도 높아집니다.

남을 가르쳐줘도 단순한 참견쟁이로
끝나지 않는 방법이 있습니다.
바로 열심히 공부하는 것입니다.
열심히 공부하는 사람은
자신이 원하지 않아도 모든 사람으로부터
"한 수 가르쳐주세요"라는 말을 듣게 됩니다.

솔직한 상사가 되면 부하 직원도 솔직해집니다

50대 사람 중에는 이런 불평을 하는 사람이 많습니다.

"요즘 젊은 애들은 참 이상해. 상대의 말을 순순히 받아들이지 않는다니까."

하지만 실제로는 그렇게 말하는 본인이 가장 상대의 말을 순순히 받아들이지 않는 게 아닐까요?

어느 연령대나 마찬가지지만 50대에도 많은 이들에게 사랑받는 이가 있고 그렇지 못하는 사람이 있습니다. 그 결정적인 차이는 무엇일까요? 많은 이들에게 사랑받는 사람은 상대의 말을 순순히 받아들이고, 사랑받지 못하는 이는 상대의 말을 비틀어서 생각합니다. 더구나 부하 직원에게는 상대의 말을 순순히 받아들이라고 하면서 자신은 그러지 못하는 사람도 있습니다.

상사가 솔직해지면 부하 직원도 솔직해집니다.

상사가 성실해지면 부하 직원도 성실해집니다.

상사가 상대의 말을 순순히 받아들이면 부하 직원도 상대의 말을 순순히 받아들입니다.

"요즘 젊은 사람들은 왜 그런지 모르겠어. 내 밑에 있는 직원도 무슨 말만 하면 꼭 이상하게 받아들인다니까."

그런 생각이 들면 재빨리 자기 자신을 돌아보는 편이 좋습니다. "어쩌면 나도 상대의 말을 순순히 받아들이지 않는 게 아닐까? 상대의 말을 비틀어서 생각하지 말고 순순히 받아들이자"라고 깨달을 수 있는 좋은 계기가 될 수도 있으니까요.

예를 들어 부하 직원들과 회의하다 이런 이야기가 나왔다고 가정합시다.

"이런 식으로 하다가 고객이 불만을 제기하면 어떻게 하지?"

"걱정하실 필요 없습니다. 부장 님은 너무 걱정이 많아서 탈이에요."

이런 경우에 머리가 유연하지 못한 사람은 버럭 화를 내며 큰소리를 칩니다.

"내가 무슨 걱정이 많다는 거야? 미리 조심하자는 게 뭐가 나빠!"

반면에 머리가 유연한 사람은 부하 직원의 말을 순순히 받아들입니다.

"하긴 그래. 내가 좀 걱정이 앞서긴 하지."

그런 식으로 받아들이지 않으면 괜히 분위기를 어색하게 만들 뿐만 아니라 입씨름의 원인이 되기도 합니다. 부하 직원과 입씨름을 하게 되는 이유는 대부분 상사의 고지식함 때문이란 걸 알아야 합니다. 상대의 말을 순순히 받아들이면, 상대도 당신의 말을 순순히 받아들일 여유가 생겨나게 됩니다.

───────⟨ 50대를 가장 젊게 사는 방법 ⟩───────

상대의 말을 순순히 받아들이려고 노력합니다

───────────────────────────────

자기보다 어린 이로부터 배울 수 있을 때 진짜 성장합니다   **107**

"요즘 젊은 사람들은 왜 그런지 모르겠어.
내 밑에 있는 직원도 무슨 말만 하면
꼭 이상하게 받아들인다니까."

그런 생각이 들면 재빨리 자기 자신을
돌아보는 편이 좋습니다.

'어쩌면 나도 상대의 말을 순순히 받아들이지
않는 게 아닐까? 상대의 말을 비틀어서
생각하지 말고 순순히 받아들이자'라고
깨달을 수 있는 좋은 계기가
될 수도 있으니까요.

♪ 한눈에 반할 수 있는 감성이 즐거운 삶으로 이어줍니다 ♪

인생을 가장 즐겁게 만드는 것은 무엇일까요? 바로 새로운 만남입니다. 새로운 만남이 있으면 아무리 나이가 들어도 즐겁게 살 수 있습니다. 새로운 만남에서 중요한 점은 바로 '한눈에 반하는 것'입니다. 그런데 50대가 되면 한눈에 반할 수 없게 됩니다. 한눈에 반하기 위해서는 감성으로 좋아해야 하기 때문입니다. 친구가 되려면 한눈에 반해야 합니다. 10대 시절의 친구를 떠올려 보시기 바랍니다. 그때는 상대가 어떤 사람인지도 모르고 친구가 되지 않았던가요?

중학교 시절, 저와 가장 친했던 친구의 이름은 '니시카와'였습니다. 특별한 이유가 있었던 게 아니라 출석부의 순서가 앞뒤였을 뿐입니다. 초등학교 때부터 고등학교 때까지의 친구는 그런 경우가 많습니다. 입학식 날, "오늘 우리 집에 갈래? 우리 집에서 게임을 하자"라고 말한 순간, 친구가 되는 것입니다. 그리고 그 사람이 평생을 함께할 친구가 됩니다.

그런데 50대가 되면 자신의 가방 안에 수많은 데이터가 들어 있습니다. 그러면 모르는 사람과는 점점 만나지 않게 됩니다. 상대를 만나면 일단 나이부터 확인하고, 그런 다음에는 범인을 취조하듯 꼬치꼬치 캐묻습니다.

"어떤 일을 하시나요?"

"어떤 회사에 다니지요?

"부서는요? 직책은요?"

이런 식으로 자신에게 어울리는지 그 사람의 장점을 열심히 찾아봅니다.

하지만 상하관계나 장점, 단점을 찾으면 진정한 만남을 가질 수 없습니다. 오히려 포장마차에서 우연히 옆자리에 앉은, 처음 만난 사람과 의기투합하는 것이 진정한 만남으로 이어질 가능성이 있습니다.

"실례지만 나이가 어떻게 되나요?"라고 물은 순간, 진정한 만남은 없어집니다. 서로에 관해 완벽하게 파악한 순간에도 진정한 만남은 어딘가로 날아갑니다. 낯선 곳에서 우연히 만나 친해지려고 한 찰나, 중요 거래처의 직원임을 아는 일도 있습니다. 그

러면 말투가 정중해질 수밖에 없습니다. 자기보다 어린 줄 알았다가 나이가 많다는 걸 안 순간에도 말투가 달라집니다. 그때부터 진정한 만남도 사라집니다.

무엇인가를 배우러 가서 "선생님은 나이가 어떻게 되세요?" "누구에게 배우셨습니까?"라고 묻는 사람이 있습니다. 그런 사람은 상대에게 한눈에 반할 수도 없고, 누구에게도 쉽게 친해지거나 사랑받을 수 없습니다. 그리고 결국 예술작품과의 만남도, 친구와의 만남도 없어지게 됩니다. 즐거운 인생에 아름다운 색을 더하는 것과 같은 '새로운 만남'이 없어지는 것입니다.

미술관에서 그림을 보고 "우와! 그림 참 좋군!"이라고 감탄사를 연발하는 것이 한눈에 반한다는 것입니다. 사람을 만날 때도 그런 식으로 만나는 게 어떨까요?

> 50대를 가장 젊게 사는 방법

사람이나 물건에 한눈에 반할만큼의 감성을 되살려봅니다

미술관에서 그림을 보고
"우와! 그림 참 좋군!"이라고
감탄사를 연발하는 것이
한눈에 반한다는 것입니다.

사람을 만날 때도
그런 식으로 만나는 게 어떨까요?

♪따지지 않고 베풀 때
행운도 따라옵니다♪

남을 위해서 좋은 일을 할 때, 쑥스러워하는 사람이 있습니다. 이
는 평소에 습관이 되지 않아서입니다. 그런 사람들은 수해 지역
민을 위해 모금하거나 장애우들을 위해 자원봉사를 할 때도 앞
장설 수 없습니다. 혹시나 주변 사람들이 뒤에서 "저 사람이 진심
으로 이런 일을 할 리가 없어. 분명히 위선일 거야"라고 손가락질
하면 어쩌나 걱정해서입니다.

지하철에서 노약자나 힘들어 보이는 사람에게 자리를 양보하
지 않는 것도 자신이 앉고 싶어서가 아닙니다. '착한 사람인 척한
다고 생각하면 어떡하지?'라는 부끄러움으로 얼굴이 화끈거려서
입니다. 바닥에 있는 주스 캔을 주워서 쓰레기통에 버릴 때도 '괜
히 눈에 띄고 싶어서 그런다고, 사람들이 오해하면 어떡하지?'라
고 생각하는 사람도 있습니다.

그것이야말로 쓸데없는 기우에 불과합니다. 위선僞善은 불선不善, 착한 일을 하지 않는 것보다 낫습니다.

'이렇게 하면 멋있다. 이렇게 하면 사람들이 칭찬할 것이다.'

이런 가식적인 생각으로 하는 일이라도 하지 않는 것보다는 낫습니다. 좋은 일을 하는 사람들을 보고 위선적이라고 여기는 이들은 한 번도 좋은 일을 하지 않았거나 한 번도 지하철에서 자리를 양보하지 않은 이들입니다.

지하철에서 자기보다 약자에게 자리를 양보하는 사람은 좋은 일을 하는 사람을 보고 가식적이라고 말하지 않습니다. 약자를 보고도 자리를 양보하지 않는 사람이 괜히 이죽거리며 트집을 잡곤 하는 것이지요. '흥! 착한 사람인 척 자리를 양보했지만, 그 옆에 예쁜 여자가 있으니까 잘 보이기 위해서 그랬을 거야'라는 식으로 말이지요. 자원봉사 하는 사람을 보고 트집을 잡는 것도 모두 그런 일을 해보지 않은 이들입니다. 그런 이들에게는 무슨 말을 들어도 신경 쓸 필요가 없습니다.

옛날에는 '인생은 50년'이라고 했습니다. 50세까지 살면 오래 산 축에 속한 것입니다. 따라서 50대는 로스 타임Loss Time, 축구 경기 등에서 경기 중 경기 외의 일로 소비된 시간으로, 실제로는 이미 죽은 시간이나 다름없습니다. '죽었다'라는 것은 이미 신이 되었다는 뜻이고, 신이 된 이상은 좋은 일을 해야 합니다.

지금까지 한 일은 손익계산서상에서 모두 제로가 되었습니다. 수명을 다했기 때문입니다.

50대부터는 그동안 신세를 진 이들에게 은혜를 갚아야 합니다.

"말도 안 돼! 내가 무슨 신세를 졌다는 거야? 난 아직 좋은 일이 하나도 없었어!"

어쩌면 이렇게 주장할지도 모르겠지만, 그것은 평소에 세상 사람들에게 신세 지고 있다는 사실을 몰라서 하는 말입니다. 그런 사람은 남은 인생을 복수하면서 살게 됩니다.

50대는 두 유형으로 나누어집니다. '복수 편'으로 들어가는 사람과 '보은 편'으로 들어가는 이들입니다.

이 두 유형 중, 어떤 사람이 더 행복해질지는 말하지 않아도 알 수 있지 않을까요? 행복해지는 사람은 당연히 '보은 편'에 들어가는 이들입니다.

복수를 통해 행복을 얻을 수 있는 사람은 아무도 없습니다. 복수에서 돌아오는 건 복수일 뿐이니까요. 반면에 보은하면 보은이 돌아오므로, 그 사람은 점점 더 행복해질 수 있습니다.

50대에 접어든 사람들이 모두 행복해지는 것은 아닙니다. 50대는 30대보다 행복의 양극화가 훨씬 심해지는 세대이기도 합니다. 행복해지는 사람과 불행해지는 사람이 극단적으로 나뉘는 것입니다.

20대 젊은이들은 50대 사람을 보면 느낌이 좋지 않다고 하는데, 50대 사람이라고 해서 모두 느낌이 좋지 않은 것은 아닙니다. 느낌이 좋은 편안한 어른도 있고, 느낌이 나쁜 섬뜩한 어른도 있지요. 50대인 사람은 모두 이 양극단에 있고, 중간에 있는 이는 없습니다. 그렇다면 당신은 어떤 어른이 되고 싶습니까?

> **50대를 가장 젊게 사는 방법**
>
> 누군가에게 그동안 받은 은혜에 보답하려는 자세를 가져봅니다

옛날에는 '인생은 50년'이라고 했습니다.
50세까지 살면 오래 산 축에 속한 것입니다.
따라서 50대는 로스 타임Loss Time,
축구 경기 등에서 경기 중
경기 외의 일로 소비된 시간으로,
실제로는 이미 죽은 시간이나 다름없습니다.
'죽었다'라는 것은
이미 신이 되었다는 뜻이고,
신이 된 이상은 좋은 일을 해야 합니다.
지금까지 한 일은 손익계산서상에서
모두 제로가 되었습니다.
수명을 다했기 때문입니다.

50대부터는 그동안 신세를 진 이들에게
은혜를 갚아야 합니다.

♪ 좋은 일을 한 시점에서
이미 보답받고 있음을 기억합니다 ♪

"누군가를 위해서 열심히 했는데, 아무도 칭찬해주지 않아."

우리 주변에는 가끔 이렇게 말하는 사람이 있습니다. 착한 일을 해서 괜히 손해만 봤다든지, 열심히 일했는데 아무도 알아주지 않는다고 투덜거리는 것이지요. 그 말을 뒤집어보면 그 사람이 정말로 원한 것이 무엇인지 알 수 있습니다. 그는 사람들의 도움이 되고 싶었던 게 아니라 보답받고 싶었을 따름입니다.

여기부터가 위선인지 아닌지의 갈림길입니다. 좋은 일을 하는 것은 위선이 아닙니다. 하지만 보답을 받고 싶어 하면 그때부터 위선이 됩니다. 좋은 일을 하면 그것으로 이미 보답을 받고 있습니다. 자기 긍정감이 올라간다는, 예상치 못한 값진 보수가 따르기 때문입니다.

"기껏 자리를 양보했는데, 아무도 보지 않았다."

"기껏 할머니 짐을 선반에 올려주었는데, 기차 승무원이 보지 않았어."

이런 식으로 불만을 터트리는 사람은 다른 사람의 인정만을 갈구하는 것입니다.

하지만 자기긍정감이 가장 높이 올라가는 것은 '아무도 보지 않은 상황에서 좋은 일을 했을 때'입니다. 좋은 일을 하면 자기긍정감이 하늘 높이 솟구칩니다. 또한 아무도 보지 않은 것 같아도 신은 확실하게 보고 있으므로, 어딘가에서 행운이라는 형태로 돌아오게 됩니다.

50대가 되면 '나는 그동안 열심히 노력했으니까 이제 슬슬 보답받을 수 있지 않을까?'라고 기대하는 사람이 많습니다. 30대와 40대에 받지 못한 보답을 기대하는 것이지요. 50대에 보답받지 못하면 평생 보답을 받지 못합니다. 이제 곧 정년을 맞이하기 때문입니다. 즉, 보답에 대한 기대가 가장 큰 것이 50대입니다. 그런데도 눈에 보이는 보답이 적은 것이 50대의 특징입니다. 가까운 사람들도 하나둘씩 떠나고, 새해에 받는 신년인사도 줄기 시작합니다.

50대가 되면 보답을 받을 수 있다고 믿고 지금까지 열심히 노력해왔습니다. 그런데 실제로 보답받는 것은 아무것도 없습니다. 그 현실이 눈앞으로 닥칠 때, 예상보다 훨씬 큰 충격을 받습니다.

30대와 40대에는, 50대가 되면 보답을 받을 거로 생각해서 열심히 살았습니다. 그런데 막상 50대가 되어서 "이게 뭐야? 아무것도 없잖아!" 하고 깨닫기 때문이지요. 보답받기는커녕 오히려 불만을 듣는 편이 더 많습니다. 그러므로 이러한 차이와 충격을 어떻게 극복하느냐가 50대에게 주어진 과제가 아닐까요?

〈 50대를 가장 젊게 사는 방법 〉

눈에 보이는 보답을 바라지 않습니다

자기보다 어린 이로부터 배울 수 있을 때 진짜 성장합니다

자기긍정감이 가장 높이 올라가는 것은
'아무도 보지 않은 상황에서
좋은 일을 했을 때'입니다.

좋은 일을 하면 자기긍정감이
하늘 높이 솟구칩니다.
또한 아무도 보지 않은 것 같아도
신은 확실하게 보고 있으므로,
어딘가에서 행운이라는 형태로
돌아오게 됩니다.

♪ 이름도 기억나지 않는 사람이 행운을 가져다줍니다 ♪

인간관계에 변화가 많은 것도 50대의 특징 중 하나입니다. 50대에는 오랜만에 만나는 사람이 많아집니다. 더구나 대부분 기억이 나지 않는 이들입니다. 회사 일로 만난 사람임은 분명한데, 아무리 기억해내려고 해도 떠오르지 않을 수도 있습니다. 그러면 '어? 누구더라? 아무리 기억을 들춰봐도 모르겠어'라는 당황스러운 상황에 부닥치게 됩니다.

"요즘은 어떤 일을 하고 계십니까?"

이렇게 은근슬쩍 떠봐도 "여전히 똑같죠, 뭐"라는 모호한 대답이 돌아오면 조바심은 극에 달합니다.

이런 경우에는 좋은 방법이 있습니다. 자신의 명함을 주는 것입니다. 자신의 명함을 주면 상대의 명함을 받을 수 있으니까요.

그런데 문제는 그것으로 끝나지 않습니다.

"실은 회사를 그만두고 이런 회사를 하고 있습니다."

상대가 이렇게 말하면서 명함을 주었는데, 명함에 쓰인 이름을 보아도 기억나지 않을 수도 있습니다. 하지만 상대의 이름과 회사명을 인터넷으로 검색하면 그 사람과 관계있는 사람의 이름을 알 수 있습니다. 그제야 겨우 '아아, 그 일을 할 때 만난 사람인가?'라고 기억이 떠오르게 됩니다.

기억을 계속 더듬어나가면 젊은 시절에 그 사람에게 신세를 졌다는 사실을 깨닫게 됩니다. 이런 경우에 가장 큰 문제점은 그 사람을 기억하지 못한 것이 아닙니다. 그 사람에게 해야 할 보답을 까맣게 잊고 있었다는 점입니다.

중요한 것은 젊은 시절에 상대에게 신세 진 것을 떠올리고 보답하는 일입니다. 어쩌면 상대도 당신에게 해야 할 보답을 잊고 있었는지도 모릅니다. 그러면 깜빡 잊고 받지 못한 보답을 받을 수도 있지 않을까요?

절이나 교회에 가서 기도하거나 성묘를 가서 조상님을 뵙는 것은 중요한 일입니다. 그와 마찬가지로 지금까지 신세 진 이에게 갚아야 할 보답을 떠올리는 것도 50대에게는 꼭 해야 할 일입니다.

매일 정신없이 일에 빠져 있던 30대와 40대에는 눈앞에 있는 사람에게 보답하는 것이 고작이라서, 눈에 보이지 않는 사람에게까지 신경 쓸 겨를이 없었습니다.

50대가 되면 조금은 시간에 여유가 생깁니다. 이때는 보답을 받으러 돌아다니는 게 아니라 그동안 신세진 분들에게 빚을 갚으러 돌아다니는 게 어떨까요?

그것이 50대에 해야 할 보답 여행입니다.

〈 50대를 가장 젊게 사는 방법 〉

예전에 알던 인연에게 연락하여 안부를 전해봅니다

자기보다 어린 이로부터 배울 수 있을 때 진짜 성장합니다

기억을 계속 더듬어나가면
젊은 시절에 그 사람에게
신세를 졌다는 사실을 깨닫게 됩니다.
이런 경우에 가장 큰 문제점은
그 사람을 기억하지 못한 것이 아닙니다.
그 사람에게 해야 할 보답을
까맣게 잊고 있었다는 점입니다.
중요한 것은 젊은 시절에 상대에게
신세 진 것을 떠올리고 보답하는 일입니다.
어쩌면 상대도 당신에게 해야 할
보답을 잊고 있었는지도 모릅니다.
그러면 깜빡 잊고 받지 못한
보답을 받을 수도 있지 않을까요?

♪노력하고도 손해를 보면 신은 이를 기억하고 되돌려줍니다♪

50대는 열심히 노력하면서도 금전적으로는 오히려 손해를 보는 시기입니다. 이제 보답받아도 좋은 나이임에도 금전적으로는 보답을 받을 수 없는 것입니다. 임금피크제로 인해 회사에서는 점점 급여는 적어집니다. 그런데 나갈 돈은 많고, 세금도 적지 않습니다. 그런데 연금을 받을 날은 아직 한참 멀었습니다. 열심히 살고 있는데도 실질적으로 금전적인 보상은 돌아오지 않습니다.

물론 사람마다 다르겠지만, 대부분 인생에서 가장 크고 가장 심각한 고민은 돈으로 인한 것이 아닐까요?

때로는 누군가에게 많은 돈을 투자했음에도, 그만한 대가가 돌아오지 않는 경우도 있습니다. 여기에서 말하는 '누군가'는 가족일 수도, 친구일 수도, 지인일 수도 있습니다. 그런데 투자한 돈을 받아내려고 해도 쉽사리 그럴 수가 없습니다. 그러면 자기도 모르게 '이제 그 사람에게 돈을 쓰는 건 그만두자'라고 생각하게 됩니다.

그런데 돈에 관한 만고불변의 철칙이 한 가지 있습니다. 돈은, 눈앞의 사람에게서는 돌아오지 않는다는 것입니다. 내가 눈앞의 사람에게 무엇인가를 해주면, 그 사람이 다른 사람에게 무엇인가를 해주고, 그것이 돌고 돌아 어느 순간에 모르는 사람에게서 돌아옵니다. 그리고 그것을 조정해주는 것이 바로 신이 만든 '신의 은행'입니다.

돈에 관해 가장 큰 스트레스는 자신이 손해 본 구체적인 금액이 아니라 '손해 본 느낌'이라는 심리적인 요인입니다. 그런 심리적인 요인에 사로잡혀 자기도 모르게 좌절의 늪에 빠지기도 합니다.

누군가가 돈을 많이 벌었다는 이야기를 들으면 상대적으로 손해 본 느낌에 휩싸이게 됩니다. "그 녀석은 열심히 살지도 않았는데, 왜 떼돈을 번 거지? 그 녀석에 비해 난 운이 너무 없어."

반면에 우연히 운이 좋아 어떤 일이 잘되었을 때는 자신의 실력이라고 생각합니다. 골프에서는 다음과 같은 경우를 흔히 볼 수 있습니다. 자신의 하이 스코어High Score와 비교해서 오늘은 컨디션이 안 좋다고 말하는 것입니다.

어쩌다 한 번 좋은 점수가 나오면 그것은 하이 스코어일 뿐이지 애버리지가 아닙니다. 운이 좋았을 때 우연히 나온 점수일 뿐입니다. 따라서 오늘 점수가 좋지 않았다고 해서 운이 나쁜 것은 아닙니다. 더구나 운이 나빴다고 생각하면 스트레스가 쌓일 수밖에 없습니다.

물론 세상에는 노력하지 않고 돈을 잘 버는 사람도 있습니다. 그런 사람은 언젠가 신이 불운不運이라는 형태로 조정을 해버립니다. 그리고 열심히 노력하는데 비해서 보수를 적게 받는 사람은 행운이라는 형태로 조정을 해줍니다.

'신의 은행'이 있다고 믿고 있으면 스트레스가 쌓일 일은 없습니다. 아무리 손해를 보아도, 아무리 이익을 얻어도 결국 제로가 되기 때문입니다. 인생에서는 백 퍼센트 손해를 보는 일도, 백 퍼센트 이득을 보는 일도 없는 것입니다.

운이 좋으면 누구나 기분이 좋고 즐겁습니다. 그렇다면 운이 좋아지기 위해서는 어떻게 하는 게 좋을까요? 손해를 보면 됩니다. 그렇다고 무작정 손해를 보라는 뜻이 아닙니다. 손해에는 두 종류가 있습니다. 노력하는 손해와 노력하지 않는 손해입니다. 집에서 이리저리 뒹굴며 행운을 바라는 사람에게는 결코 행운이 찾아오지 않습니다. 노력 자체를 하지 않아서입니다. 만에 하나, 좋은 일이 있다고 해도 신의 은행이 조정을 해주어서 어느새 제로로 만듭니다.

노력하고 또 노력했는데 그래도 손해를 보면, 신이 행운이라는 형태로 조정을 해줍니다. 이것이야말로 진정한 행운이 아닐까요?

50대를 가장 젊게 사는 방법

일단 결과를 너무 생각하지 말고 노력부터 해 봅니다

제 2 장

돈에 관한 만고불변의 철칙이
한 가지 있습니다.
돈은, 눈앞의 사람에게서는
돌아오지 않는다는 것입니다.
내가 눈앞의 사람에게
무엇인가를 해주면,
그 사람이 다른 사람에게
무엇인가를 해주고,
그것이 돌고 돌아 어느 순간에
모르는 사람에게서 돌아옵니다.
그리고 그것을 조정해주는 것이
바로 신이 만든 '신의 은행'입니다.

제3장

50대에는
권력을 가진 사람이 아니라
진짜 실력자가
존경받습니다

♪ 즐거운 삶을 위해 중요한 것은 권력이 아니라 실력입니다 ♪

이 세상에 존경받고 싶지 않은 사람은 아무도 없을 겁니다. 그렇다면 어떻게 하면 많은 이에게 존경받을 수 있을까요? 사람들에게 존경받으려면 두 가지 요소를 갖추어야 합니다. 바로 '실력과 권력'입니다.

실력과 권력 중에서 더 중요한 요소는 무엇일까요? 대답은 이미 당신의 마음속에 있습니다. 당신은 실력자와 권력자 중에 누구를 더 존경하나요? 존경심이 태어나는 것은 권력이 아니라 실력입니다. 아무리 권력을 많이 가지고 있어도 실력이 없는 사람은 존경받을 수 없습니다.

"그 사람처럼 일을 잘하는 사람이 왜 아직도 차장이지?"

"그 사람은 더 출세해서 좋은 곳에 가야 하는데, 왜 아직도 그런 곳에 있지?"

이런 생각을 하게 만드는 것이 존경입니다.

실력과 권력이 균형을 취하는 사람은 거의 없습니다. 실력보다 권력이 높든지, 실력보다 권력이 낮든지 둘 중 하나입니다.

50대가 되면 뭐가 뭔지 모르는 직책이 잔뜩 붙으면서 권력이 생깁니다. 본인은 책임만 무거워졌다고 투덜거릴지도 모릅니다. 하지만 직책이 높아지면 그와 정비례해서 실력을 키워야 합니다.

이때 가장 중요한 점은 자신의 권력을 실력이라고 착각하지 않는 것입니다. 자신의 현재 권력(직위)과 실력(공부, 지식, 경험)의 균형을 냉정히 판단해서, 항상 권력을 뛰어넘는 실력을 갖추도록 노력해야 합니다.

그렇게 하기 위해서는 끊임없이 공부하고, 끊임없이 경험을 쌓아야 합니다. 그러면 본인이 원하지 않아도 저절로 존경받게 되어 있습니다.

> ### 50대를 가장 젊게 사는 방법
>
> 권력을 뛰어넘는 실력을 가지도록 합니다

50대가 되면 뭐가 뭔지 모르는 직책이 잔뜩 붙으면서 권력이 생깁니다. 본인은 책임만 무거워졌다고 투덜거릴지도 모릅니다. 하지만 직책이 높아지면 그와 정비례해서 실력을 키워야 합니다.

이때 가장 중요한 점은 자신의 권력을 실력이라고 착각하지 않는 것입니다. 자신의 현재 권력(직위)과 실력(공부, 지식, 경험)의 균형을 냉정히 판단해서, 항상 권력을 뛰어넘는 실력을 갖추도록 노력해야 합니다.

파벌에 속해 있으면
안 되는 이유가 있습니다

50대가 되면 본인이 원하지 않아도 파벌이 생기게 됩니다. 조직 사회에서 파벌이 생기는 데에는 몇 가지 이유가 있습니다.

하나, 그 사람과 사이가 좋은지 나쁜지에 따라서.

둘, 그 사람과 성격이 맞는지 안 맞는지에 따라서.

셋, 누구 밑에 있는지, 누가 자신의 뒤를 봐주는지에 따라서.

넷, 어느 학교를 나왔는지, 어느 지역 출신인지에 따라서.

파벌에 속해 있으면 마음이 편합니다. 나는 ○○파에 속해 있다는 마음이 안심으로 이어지는 것입니다. 하지만 파벌에 속해 있으면 한 종류의 정보밖에 들어오지 않습니다. 더구나 정보량이 줄었음에도 불구하고 자신은 정보를 많이 가지고 있다는 착각에 휩싸이곤 합니다.

파벌에 속해 있으면 파벌에 유리한 정보밖에 들어오지 않습니다. 그 파벌에 불리한 정보는 다른 파벌에 들어가는 것입니다. 그리고 그 파벌에 속한 사람은 결국 세상에서 뒤처지게 됩니다.

《시마 과장》이란 만화를 보신 적이 있습니까? 회사원인 시마가 주인공인 기업의 에피소드를 다룬 내용인데, 그곳에서 시마는 다양한 정보를 이용해 승승장구합니다. 시마가 정보를 많이 얻을 수 있었던 이유는 한 가지입니다. 어느 파벌에도 속하지 않아서입니다. 한 파벌 속해 있으면 마음이 편한 반면에, 다른 정보가 들어오지 않는다는 단점이 있는 것입니다.

30대까지는 아직 파벌 안에서 그렇게 위쪽에 있는 게 아니라서, 다른 파벌의 사람과 만나기도 하고 정보를 교환하기도 합니다. 하지만 50대에 접어들면 파벌의 위쪽에 있어서 마음대로 움직일 수 없습니다.

윗자리로 가면 갈수록 마음이 편해지는 반면, 들어오는 정보량은 눈에 띄게 줄어듭니다. 50대가 정보를 많이 가지고 있어야 하는데, 30대가 더 많이 가지고 있는 역전현상이 발생합니다. 직책과 정보량이 반비례하는 현상이 일어나는 것입니다.

30대는 그런 50대를 마음속으로 무시하게 됩니다.

"그 사람은 현실을 너무 몰라. 완전히 자기 생각에 파묻혀 있어."

50대는 그런 30대에게 버럭 화를 내며 큰소리칩니다.

"건방진 녀석! 나는 네 부모님만큼 경험이 있고, 네 부모님만큼 사회생활을 했어!"

하지만 그 사람이 가지고 있는 것은 이미 낡은 정보일 뿐입니다. 눈을 씻고 찾아봐도 최신 정보는 보이지 않습니다.

50대에 파벌이라는 편안한 울타리 안에 틀어박히는 것은 굉장히 위험한 일입니다. 자칫하면 세상에서 혼자만 뒤처져서 우왕좌왕할 수도 있기 때문입니다.

─────〈 **50대를 가장 젊게 사는 방법** 〉─────

즐거운 삶을 위해 파벌에 속하지 않습니다

50대에는 권력을 가진 사람이 아니라 진짜 실력자가 존경받습니다

《시마 과장》이란 만화를
보신 적이 있습니까?
회사원인 시마가 주인공인 기업 만화인데,
그곳에서 시마는 다양한 정보를 이용해
승승장구합니다.

시마가 정보를 많이 얻을 수 있었던
이유는 한 가지입니다.
어느 파벌에도 속하지 않아서입니다.
한 파벌 속해 있으면
마음이 편한 반면에,
다른 정보가 들어오지 않는다는
단점이 있는 것입니다.

♪50대가 진심으로 존경받는 데 필요한 건 무엇일까요♪

많은 사람들이 손에 넣고 싶어 하는 것이 두 가지 있습니다. 바로 존경과 보수입니다. 사람들에게 존경도 받고 싶고 보수도 많이 받고 싶은 것이 인지상정입니다. 하지만 이 두 가지를 동시에 손에 넣기는 매우 힘듭니다.

"지위가 높을수록 보수가 늘어난다."

이것은 많은 사람들이 하고 있는 착각 중 하나입니다. 존경을 많이 받으면 보수는 내려가고, 보수를 많이 받으면 존경은 내려갑니다. 즉, 존경과 보수는 반비례하는 것입니다.

일은 보통 잡Job에서 커리어Career로, 커리어에서 미션Mission으로 나아갑니다. 잡은 돈을 위해서, 커리어는 자신을 위해서, 미션은 사회를 위해서 하는 일입니다.

잡은 돈을 위해서 하는 일이지만 정작 돈을 가장 많이 버는 시기는 커리어를 쌓는 때입니다. 그리고 미션으로 나아가 사회를 위해서 일하기 시작한 순간, 보수는 줄어들게 되어 있습니다.

베네치아 공화국의 국가원수는 깜짝 놀랄 만큼 급여가 적었습니다. 당시 국가원수는 귀족들의 투표로 선출했는데, 보수가 적어서 귀족밖에 할 수 없었습니다. 그리고 국가원수가 된 사람은 사재를 탈탈 털어서 국가와 백성들을 위해 일하고, 결국 빈털터리가 되어 이름만 남깁니다. 그래도 사람들을 위해 일하고 싶어 한 것입니다.

50대가 되면 보수가 없다거나 적다고 말하지 말고, 사람들을 위해 열심히 일해서 존경받아야 합니다. 당신은 지금 그런 일을 찾고 있습니까?

───────〈 50대를 가장 젊게 사는 방법 〉───────

보수가 적더라도 보람 있는 일을 합니다

인기도가 올라가는 스피치의 조건은 이렇습니다

50대가 되면 단상에 서서 사람들을 향해 연설할 기회가 늘어납니다. 그런데 50대에 연설하는 사람은 두 종류로 나누어집니다. 연설을 길게 하는 사람과 짧게 하는 사람입니다. 적당하다고 느낄 만큼 중간 정도로 하는 사람은 거의 없습니다. 학창시절은 물론이고 사회생활에서도 연설을 길게 하는 사람을 좋아하는 사람은 한 사람밖에 없습니다. 바로 연설하는 본인입니다.

연설을 짧게 하기 위해서는 주제를 한 가지로 정하면 됩니다.

개중에는 "한 가지밖에 말하지 않으면 말한 기분이 들지 않는다"라고 주장하는 사람도 있습니다.

연설을 길게 하는 사람은 최소한 세 가지는 말해야 한다고 생각합니다. 세 가지쯤 말해야 겨우 뭔가 말했다는 느낌이 드는 것입니다. 더구나 실제로는 다섯 가지나 일곱 가지를 말하고 싶어 합니다. 한 가지로 끝내는 것은 기껏 시간을 내서 들어주는 사람에게 실례라고까지 생각합니다.

또한 모임의 주최자가 "연설은 짧게 해주세요"라고 말하는 것을 자신에 대한 실례라고 느끼는 사람도 있습니다.

'하도 한 마디 해달라고 부탁해서 바쁜 시간을 내서 준비했는데, 이제 와서 되도록 짧게 말해달라고 하다니! 이건 무례한 일이 아닌가!'

이런 사람은 노래방에 가면 한 곡으로 끝내지 않습니다. 되도록 긴 노래를 선택하거나 몇 곡이 이어져 있는 메들리를 선택하거나 5절까지 있는 노래를 선택해서 주변 사람들의 따가운 눈총을 받기 일쑤입니다.

이런 사람일수록 연설을 할 때 서두가 길어집니다.

"워낙 갑자기 연락을 받아서 준비할 시간이 별로 없었지만…."

"고명하신 선배님들을 제쳐두고 제가 이 자리에서 한 말씀 드리는 건 좀 그렇지만…."

"무슨 말씀을 드려야 좋을지 밤새 곰곰이 생각했지만…."

겸손한 것처럼 말하면서 서두를 장황하게 늘어놓습니다.

듣는 사람은 '아아, 왜 이렇게 길어? 빨리 끝나면 좋겠는데'라고 투덜거리지만, 아무리 기다려도 끝날 기미가 보이지 않습니다.

사람들의 시큰둥한 얼굴을 본 연설자는 자신의 말이 먹히지 않는 걸 알고 조바심이 솟구치기 시작합니다. 그리고 결국 '세 가지를 준비했는데, 반응을 보니 다 안 먹히는 것 같군. 한 가지를 더 말해야겠어'라고 생각해서 연설은 점점 더 길어집니다.

그런 상황에서는 무슨 말을 해도 분위기가 썰렁해질 수밖에 없습니다. 만약 결혼식의 주례를 맡았다면 "진심으로 축하합니다"라는 말로 끝내면 됩니다.

결혼식에서 주례를 맡는다든지, 누군가를 축하하거나 격려하는 자리에서 자기 이야기를 늘어놓는 사람이 있습니다. 그 자리의 주인공 이야기로 끝나면 좋은데, 자기 이야기를 늘어놓으며 좀처럼 말을 끝내지 않는 것입니다.

50대인데 연설을 짧게 하는 사람은 많은 사람의 사랑을 받을 수 있습니다.

주최자가 "3분 정도로 부탁합니다"라고 부탁하면 1분 안에 끝내는 것이 좋습니다.

3분 정도란 말은 '1분에서 3분 사이'란 뜻입니다. 그런데 말하는 쪽은 '최소한 3분'이라고 여겨서 3분에서 5분을 말하면 되겠다고 판단합니다.

이때 연설자와 청취자 사이에 의식의 차이가 태어납니다.

말을 할 때, 말하는 사람은 실제의 시간보다 훨씬 짧게 느낍니다. 반면에 듣는 사람은 실제의 시간보다 무척 길게 느끼게 됩니다.

말하는 사람은 "앞 사람이 길게 말했으니까 나도 어느 정도는 말해야겠군"이라고 점점 시간을 끌게 됩니다.

하지만 사람들의 환호성을 받는 것은 연설을 짧고 간단하게 끝내는 사람입니다. 초등학교 시절의 교장 선생님 훈화부터 결혼식 주례사까지, 그것은 불변의 진리가 아닐까요?

> **50대를 가장 젊게 사는 방법**

인기 있는 50대를 위해 연설은 예정보다 짧게 끝냅니다

50대가 꼰대인지 아닌지
갈리는 조건은 어떤 걸까요

연설뿐만 아니라 어떤 자리에서든 말하고 싶어 하는 사람이 있습니다. 처음에는 다른 사람의 이야기에 귀를 기울이던 사람이 어떤 계기로 말을 시작합니다. "나도 그런 일이 있었는데…", "나는 말이야…"라는 식으로 상대의 말을 잡아채는 것입니다. 이런 상황이 벌어지는 이유는 평소에 말할 일이 적어서입니다.

이야깃거리가 별로 없는 사람일수록 말을 많이 하고 싶어 합니다. 반면에 이야깃거리를 많이 가지고 있는 사람은 다른 사람의 이야기에 귀를 기울입니다.

항상 말하는 쪽에 있으면 이야깃거리가 늘지 않고 아무것도 배울 수 없습니다. 반면에 듣는 편으로 돌아가서 다른 사람의 이야기에 귀를 기울이면 이야깃거리도 늘어나고 많은 것을 배울 수 있습니다.

50대가 되면 똑같은 이야기를 몇 번씩 반복해도 "그건 지난 번에도 들었어요"라고 말해주는 사람이 없습니다. 말하는 사람의 지위가 높을수록 그런 현상은 더욱 두드러집니다. 그저 '이 사람은 입만 떼면 똑같은 말을 늘어놓는다'라고 생각하면서 "아하, 그래요?" "그렇군요"라고 적당히 맞장구를 칠 따름입니다.

그런 줄도 모르고 말하는 사람은 득의양양한 표정을 지으며 회심의 미소를 짓습니다.

"그런 것도 몰라? 아직 경험이 부족하군."

하지만 실은 부하 직원들이 평소에 귀가 따갑도록 들었던 이야기입니다. 그래도 듣는 사람은 얼굴에 미소를 지은 채 '이 사람은 새로운 일도, 새로운 경험도 하지 않군. 나는 나중에 저렇게 되지 말아야지'라고 생각하며 존경의 마음을 거둘 따름입니다.

───〈 50대를 가장 젊게 사는 방법 〉───

말하는 사람이 아니라 듣는 사람이 되어봅니다

♪ 진짜 옷 잘 입는 사람은 명품이 아니라 TPO에 맞게 입습니다 ♪

50대가 되면 업무적으로나 개인적으로나 크고 작은 파티에 초대받는 일이 늘어납니다. 파티란 말이 너무 거창하다면 모임으로 바꿔서 생각해도 됩니다.

파티의 초대장에 '평상복으로 오셔도 됩니다'라고 쓰여 있을 때는 어떤 차림으로 가는 게 좋을까요? 가끔은 그 말을 곧이곧대로 믿고, 넥타이도 없이 간편한 차림으로 가는 사람이 있습니다.

돈이 없는 것도, 정장이 없는 것도 아닙니다. 그런데 편하다는 이유로 정식 파티에 넥타이도 매지 않고 가는 것은 결례가 아닐까요?

50대가 되면 거래처의 창립기념일 행사에 초대받는 일도 있습니다. 예전에 어느 회사의 창립기념일 행사에 참석했더니, 정장을 입은 사람은 천 명 중 한 명에 불과했습니다. 전부 넥타이

를 매지 않고 재킷만 걸친 모습이었습니다.

개중에는 재킷을 입지 않은 사람도 있었습니다. 그런 사람일수록 신발은 지저분하고 자세도 구부정합니다. 재킷을 입고 있어도 버튼을 채우지 않은 사람도 있습니다. 여성은 커다란 가방을 들고 휴대전화를 든 채 우왕좌왕합니다. 그런 모습을 본 젊은 사람들은 '아하, 저렇게 해도 되는구나. 나도 다음에는 대충 입어야지'라고 생각하지 않을까요?

행사장의 수준은 그곳에 모인 손님의 수준으로 정해집니다. 대충 입은 모습에서는 파티의 주최자나 행사장인 일류 호텔에 대한 존경심을 찾아볼 수 없습니다.

축하의 마음을 제대로 전하고 싶다면 정식으로 초대받은 자리에 최대한 격식을 갖추어 차려입고 가야 합니다. 그 자리를 얼마나 존경하고 있는지는 그 사람의 옷차림에 나타나는 법이니까요.

옷은 그 사람의 마음을 나타냅니다. 그 자리의 성격이나 취지에 맞게 입는 것이 상대에 대한 예의이자 자기자신을 존중하는 마음도 높일 수 있는 가장 좋은 방법입니다.

50대를 가장 젊게 사는 방법

옷차림을 통해 존경하는 마음을 표현합니다

축하의 마음을
제대로 전하고 싶다면
정식으로 초대받은 자리에
최대한 격식을 갖추어
차려입고 가야 합니다.
그 자리를 얼마나
존경하고 있는지는
그 사람의 옷차림에
나타나는 법이니까요.

♪친한 사람일수록 모임에서 재빨리 돌아가는 예의를 압니다♪

파티에 참석했을 때, 가장 중요한 일은 무엇일까요? 많은 사람들이 주최자에게 '자신은 참석했다'라고 눈도장을 찍는 일이라고 생각합니다. 물론 주최자에게 초대에 대한 감사의 인사를 전하는 것은 당연한 일입니다.

그런데 안 그래도 바쁜 주최자를 붙잡고 장황하게 이야기를 하는 사람이 있습니다. 주최자에게 인사하기 위해 뒤쪽에 사람들이 줄을 섰는데도 주최자를 독점하고 이야기하는 것입니다. 이런 상황은 장례식이나 결혼식을 비롯해, 개인적인 파티에서도 흔히 볼 수 있습니다.

상대를 붙잡고 길게 말하는 사람일수록 정작 서로 친하지 않은 경우가 많습니다. 그 사람은 단지 주최자와 친하다는 것을 과시하고 싶은 것뿐입니다. 상대는 빙긋이 미소를 짓고 있지만 머릿속으로는 '누구였더라?'라고 연신 기억을 더듬고 있을지도 모릅니다.

초대받은 파티에서는 친한 사람일수록 재빨리 돌아가야 합니다. 인사하기 위해 줄을 서 있다가도 한순간 상대와 눈이 마주치면 간단히 눈인사하면 됩니다. 상대를 진심으로 배려하는 사람은 눈인사만 하고 그대로 돌아가는 이입니다.

그런 상황에서 친한 사람인 양 길게 이야기하는 사람은 그곳에서밖에 연락할 수 없는 이겠지요. 그때 자신이 왔음을 잘 알리지 않으면 상대가 기억하지 못하기에 길게 이야기하는 것입니다.

간단히 눈인사만 하고 돌아가면 실례가 아닐까 걱정하는 사람도 있습니다. 그런 걱정은 할 필요가 없습니다. 간단히 눈인사만 하고 재빨리 돌아가는 사람에게는 오히려 '내가 바쁜 걸 알고 배려해주고 있군'이라고 생각해서, 나중에 상대로부터 연락이 오게 되어 있으니까요.

그것은 결코 예의에서 벗어난 일이 아니라 오히려 상대를 배려하고 예의를 지키는 일입니다.

> 50대를 가장 젊게 사는 방법

바쁜 사람의 시간을 빼앗지 않도록 배려합니다

초대받은 파티에서는
친한 사람일수록
재빨리 돌아가야 합니다.
인사하기 위해 줄을 서 있다가도
한순간 상대와 눈이 마주치면
간단히 눈인사하면 됩니다.
상대를 진심으로 배려하는 사람은
눈인사만 하고
그대로 돌아가는 이입니다.

상석에 앉는 것은 권리가 아니라 어른의 배려입니다

50대가 되면 귀퉁이에 앉는 일보다 상석에 앉는 일이 더 많습니다. 앉고 싶지 않아도 주변 사람들이 상석에 앉으라고 계속 권하기 때문이지요. 그러면 쑥스러운 얼굴로 연신 손을 내저으며 사양하는 이들이 많습니다. 자신은 권위적인 사람이 아니라는 걸 보여주기 위해서입니다.

하지만 이런 때에는 사양하지 말고 재빨리 상석에 앉는 것이 올바른 예의입니다. 50대가 상석을 사양하면 다른 사람들은 어디에 앉아야 좋을지 모르게 되지 않을까요?

식당 같은 곳에 가면 다음과 같은 상황을 흔히 볼 수 있습니다.

"○○씨, 이쪽에 앉으십시오."

"아니야, 난 여기 끝자리가 좋아. 화장실도 가깝고 말이지."

"그러지 마시고 가운데에 앉으세요."

이렇게 계속 옥신각신하면 분위기가 어색해질 수밖에 없습니다.

동양적인 문화에서는 자리가 중요합니다. 그 사람의 격에 맞게 앉아야 분위기가 안정되기도 합니다. 식당에서 서로 자리를 양보하면서 옥신각신하고 있으면 주변에서 식사하는 손님에게도 민폐가 됩니다. 식당 종업원들도 촌스러운 사람들이라고 눈총을 주곤 합니다. 이렇듯 자기 위치에 맞지 않게 귀퉁이에 앉으려고 하면 분위기가 엉망이 될 수밖에 없습니다.

거래처에 갔을 때도 상대에게 "어디에 앉으면 됩니까?"라고 물어보고, "여기에 앉으시면 됩니다. 이 자리가 가장 좋으니까요"라고 하면 재빨리 앉는 것이 좋습니다. 50대에는 좋은 자리를 거절하는 것도 예의가 아니란 사실을 알아야 합니다.

◇ 50대를 가장 젊게 사는 방법 ◇

품위 있는 50대는 말석에 앉으려고 하지 않습니다

50대에는 권력을 가진 사람이 아니라 진짜 실력자가 존경받습니다

♪먼저 들어가는 것이 50대의 매너입니다♪

앞에서도 말했듯이 50대가 되면 크고 작은 파티에 참석하는 일이 많습니다. 파티장에 들어가면 안내원이 조용히 다가와 "앞쪽으로 가주세요"라고 말합니다. 대부분 사람들은 뒤쪽에만 모여 있고 앞쪽은 텅 비어 있는 경우가 많기 때문입니다. 그때 "아닙니다. 난 여기가 좋습니다"라고 말하며 입구 쪽에 버티고 있으면 다른 사람들에게 방해가 됩니다.

50대가 되면 되도록 앞쪽에 앉는 습관을 지니는 게 좋습니다. 앞쪽을 비워둔 채 모두 뒤쪽에 있으면 파티장 분위기가 썰렁한 것처럼 보이게 마련입니다. 그러면 파티가 즐거울 수 없지 않을까요? 아무도 가고 싶어 하지 않는 상석에 자진하여 가는 것이 50대의 역할입니다.

세미나에 참석했을 때도 마찬가지입니다.

세미나장에 가면 안으로 들어가지 않고 입구에서 이야기를 나누는 사람이 있습니다. 이야기는 세미나가 시작된 다음에도 끝나지 않아서, 그 사람들이 들어올 때까지 기다리다가 늦게 시작하기도 합니다.

세미나에 참석하면 개인적인 잡담은 나중에 하고 재빨리 세미나장으로 들어가는 게 어떨까요? 그러면 즉시 세미나를 시작할 수 있어서 사람들의 소중한 시간을 낭비하지 않게 됩니다. 서로 양보하며 "먼저 들어가세요", "아닙니다, 먼저 들어가세요"라는 말을 반복하는 것은 시간의 낭비일 따름입니다.

50대가 되면 "먼저 하세요" "먼저 가세요" "먼저 말하세요"라고 말하지 말아야 합니다. 그런 말이 반복되면 분위기는 더욱 썰렁해지고, 쓸데없는 시간은 점점 늘어나게 됩니다.

직장인 교육을 위해 기업에 강연하러 가면, 그 기업이 성장하는 곳인지 아닌지 대번에 알 수 있습니다.

성장하는 기업은 사장이나 임원이 맨 앞줄에 바른 자세로 앉아 있습니다. 반면에 성장이 정체된 회사는 나이가 많고 직책이 높은 사람일수록 뒤쪽에 앉아 있습니다.

뒤쪽에 앉는 사람은 강사의 말을 듣지 않습니다. 자신은 듣지 않으면서 다른 직원들이 제대로 듣고 있는지 감시하는 것입니다. 끊임없이 배우고 싶어 하고, 끊임없이 성장하고 싶어 하는 사람은 어느 강의에서나 맨 앞줄에 앉습니다. 강사의 말을 한마디라도 놓치지 않기 위해서입니다.

〈 50대를 가장 젊게 사는 방법 〉

파티나 세미나에 참석하면 앞줄에 앉습니다

50대가 되면 되도록
앞쪽에 앉는 습관을 지니는 게 좋습니다.
앞쪽을 비워둔 채 모두 뒤쪽에 있으면
파티장 분위기가 썰렁한 것처럼
보이게 마련입니다.
그러면 파티가 즐거울 수 없지 않을까요?
아무도 가고 싶어 하지 않는 상석에
자진하여 가는 것이 50대의 역할입니다.

사람을 많이 모으는 것이 최선은 아닌 것을 알아채야 합니다

50대가 되면 아무리 소극적인 사람이라도 아는 사람이 어느 정도 생깁니다. 그만큼 오래 살았고, 사회생활도 오래 했기 때문이지요. 이럴 때 일어나기 쉬운 일은 무턱대고 사람들을 소개하려고 하는 것입니다.

모임할 때도 "○○씨에게도 연락하자", "○○씨에게도 연락하는 게 좋겠어"라고 무조건 사람을 그러모으려고 합니다. 하지만 소규모 모임에서 가장 중요한 일은 성격이 맞지 않는 사람은 부르지 않는 것입니다. 외국에서는 파티할 때, 서로 사이가 나쁘다든지 인간적인 궁합이 맞지 않는 사람은 부르지 않기 위해서 미리 확인하곤 합니다.

사람은 감정의 동물이기에 업무에서든 개인적으로든 서로 사이가 나쁜 사람도 있고, 만나면 기분 나쁜 사람도 있습니다. 누가 옳고 누가 그른 것이 아니라, 인간적인 궁합이 맞지 않는 것이지요.

그런데 사람을 많이 모으고 싶어 하는 사람은 그런 것을 신경 쓰지 않아서, 이 사람 저 사람에게 모두 연락하여 모두 모이게 보면 결국 모임이 어색해질 수밖에 없습니다.

저는 호텔협회나 전통여관협회의 초청으로 서비스를 주제로 강연하기 위해 지방에 가는 일이 많습니다. 그런데 특히 전통여관에서는 그 지역의 일인자와 이인자 사이가 좋지 않은 경우가 많습니다.

"○○ 여관 사람이 온다고 하니까 저희는 그만 가겠습니다."

실제로 이런 일이 일어나는 것입니다.

그러므로 사람을 모아서 모임을 할 때는 그런 점까지 확인해서, 분위기가 어색해지지 않도록 하는 것이 중요합니다.

───────────〈 50대를 가장 젊게 사는 방법 〉───────────

서로 맞지 않는 사람들을 한자리에 부르지 않도록 조심합니다

누군가를 쉽게 소개해주면 오히려 민폐가 됩니다

50대의 특징 중 하나는 '오지랖이 넓다'는 점입니다. 특히 건강에 예민해지는 시기인 만큼 지인이 아프다고 하거나 미리 예방하면 좋을 것 같다고 생각하면 의사를 소개해주기도 하지요.

"내가 전화해둘 테니까 이 의사에게 가봐."

그렇게 말할 정도라면 분명히 좋은 의사일 겁니다. 따라서 본인이 간다면 상관없습니다. 그런데 상대에게 강요하는 것은 좋지 않습니다. 상대에게도 자주 다니는 병원과 의사가 있고 지금까지의 관계도 있지 않을까요?

더구나 소개해주는 것으로 그치지 않고 나중에 "갔어?"라든지 "왜 안 갔어?"라고 확인하는 것은 쓸데없는 참견에 불과합니다.

"어디 좋은 의사선생님 없나요?"

이렇게 물어보는 사람 중에는 닥터 쇼핑(Doctor Shopping, 자신의 증상에 대한 의사의 진단을 신뢰할 수 없어서 여러 병원을 돌아다니며 진단받는 일)을 하는 사람도 있습니다.

그런 사람에게 "이 의사는 실력이 좋으니까 꼭 가봐"라고 소개해주면, 한번 가보고 나서 고개를 가로저으며 이렇게 말하기도 합니다.

"그 의사는 좀 이상한 것 같아. 혹시 다른 의사는 없어?"

그 의사는 온 힘을 다해 열심히 진료했을 텐데 말이지요.

의사의 말을 불신하는 사람에게 소개해주는 것은 그 의사에게 미안한 일이 아닐까요? 의사뿐만 아니라 어떤 분야든 남에게 소개할 때는 정말로 소개해도 좋은 사람인지 확인하고 나서 해야 합니다.

대부분의 사람은 건강과 점술사에 관해서 독자적인 가치관이 있습니다. 자기 나름대로 믿고 있는 의사나 점술사가 있는 것입니다. 더구나 자신에게 좋다고 해서 반드시 상대에게도 좋다곤 할 수 없습니다.

그러므로 원하지도 않는 상대에게, "그 병원은 안 돼" "그 의사는 틀렸어" "그 병이라면 이곳이 최고야"라는 식으로 자기 생각을 강요하지 않도록 조심하는 편이 좋습니다.

〈 50대를 가장 젊게 사는 방법 〉

자신의 생각을 강요하지 않습니다

의사의 말을 불신하는 사람에게 소개해주는 것은 그 의사에게 미안한 일이 아닐까요? 의사뿐만 아니라 어떤 분야든 남에게 소개할 때는 정말로 소개해도 좋은 사람인지 확인하고 나서 해야 합니다.

대부분의 사람은 건강과 점술사에 관해서 독자적인 가치관이 있습니다. 자기 나름대로 믿고 있는 의사나 점술사가 있는 것입니다. 더구나 자신에게 좋다고 해서 반드시 상대에게도 좋다고는 할 수 없습니다.

♪ 회의의 생산성을
진짜 높이는 방법은 무엇일까요 ♪

50대 사람들은 왜 남들에게 자기가 아는 곳을 소개하고 싶어 할까요? 이유는 단 하나, '나는 이렇게 발이 넓다'라고 과시함과 동시에 자기 확인을 하고 싶기 때문입니다. 그렇게 하지 않으면 불안해서 견딜 수 없습니다. 50대가 되면 일을 통해 자신의 능력을 보여주기가 힘들어서, 사람을 소개해서 자신의 존재를 드러내고 싶어 하는 것일지도 모릅니다.

술집에서 술을 마실 때에도 여기저기에 닥치는 대로 전화를 걸어 '지금 나와'라고 합니다. 그 정도로 사람 불러내는 걸 좋아하고, 여기저기에 소개하는 것을 즐기는 것입니다. 그런 사람이 회의를 주재하면 인원수를 늘리기 위해 업무와 관계없는 사람까지 부르곤 합니다. 그것은 비생산성의 원인으로 작용하기도 합니다.

그런 사람은 회의의 내용보다 '회의하는 느낌'을 중요하게 여기는 것이지요. 그래서 적은 인원수로 하는 회의는 좋아하지 않습니다. 사람이 많이 모이고 시끌벅적해야 '회의하는 느낌'이 난다고 여기기 때문입니다. 그래서 큰 회의실에 사람들을 많이 모아놓고 "일단 들어두면 자네에게도 좋을 거야"라고 말하는 것입니다.

회의의 생산성을 높이려면 '일단 들어두는 편이 좋은 사람'은 부르지 말아야 합니다. 참석하는 인원이 많으면 회의의 생산성은 떨어질 수밖에 없으니까요. 회의에 참석하는 사람을 늘리면 그 사람들을 다 모을 때까지 시간이 걸립니다.

또한, 자신과 관계있는 의제가 끝나도 "저는 먼저 가보겠습니다"라고 말할 수는 없습니다. 결국, 그 회의에 참석한 모든 사람의 시간과 노력은 낭비될 따름입니다. 그러므로 진정한 회의를 위해서는 반드시 필요한 인원만을 부르도록 해야 합니다.

> **50대를 가장 젊게 사는 방법**

회의를 위해 무턱대고 사람을 모으지 않습니다

♪ 매너를 배웠다고
품위가 생기는 것은 아님을 기억합니다♪

40대가 매너를 몸에 배게 만드는 시기라면, 50대는 품위를 몸에 배게 만드는 시기입니다.

매너가 몸에 뱄다고 해서 저절로 품위가 생기는 것은 아닙니다. 품위는 매너보다 몇 단계 상위의 개념으로, 열심히 노력하지 않으면 갖출 수 없습니다.

그렇다면 어떻게 해야 품위를 몸에 배게 할 수 있을까요? 가장 좋은 방법은 '품위 있는 사람을 만나는 것'입니다. 그러기 위해서는 그런 사람이 있는 곳으로 가야 합니다. 아무것도 하지 않으면서 '나는 품위가 있는 편이다'라고 생각하는 것은 어처구니없는 착각이 아닐까요?

품위 있는 사람을 만나서 그 사람이 어떻게 행동하는지 자세히 지켜보거나 어떻게 해야 좋을지 몰라서 식은땀을 흘릴 만

한 곳에 가지 않으면, 자신이 얼마나 품위 없는 사람인지 알아차리지 못합니다.

그런데 50대가 되면 어떻게 해야 좋을지 몰라서 식은땀을 흘릴 만한 곳에는 가지 않게 됩니다. 큰소리칠 수 있는 곳이나 마음 편히 있을 수 있는 곳밖에 가지 않는 것입니다.

'마음 편히 있을 수 있다'는 것을 다른 말로 표현하면 '품위 없이 있을 수 있다'는 뜻입니다. 하지만 50대가 되어 마음 편히 있을 수 있는 곳에만 가서는 안 됩니다. 50대에도 안절부절못하는 곳, 어떻게 해야 할지 몰라서 식은땀을 흘리는 곳, 한 단계 더 발돋움할 수 있는 곳에 가지 않으면 더 젊고 더 즐겁게 살 수 없습니다.

사람은 세 가지 유형으로 나눌 수 있습니다.

하나, 품위가 있는 사람.

둘, 자신에게 품위가 없다는 걸 알아차리는 사람.

셋, 자신에게 품위가 없다는 것조차 알아차리지 못하는 사람.

가장 문제가 있는 것은 뭐니 뭐니 해도 세 번째 사람입니다. 그런데 세 번째 유형의 사람일수록 이렇게 말합니다.

"나는 예의를 갖춰서 제대로 행동하고 있어."

"나는 나름대로 품위 있게 행동하고 있지."

예의에 어긋나고 품위 없게 행동한다는 사실을 자기만 모르는 것입니다.

아무리 호텔은 휴식을 위한 장소라 하더라도 일류 호텔에 가면 가끔 저도 모르게 한숨을 쉬고 싶을 만큼 품위 없는 사람이 있습니다.

'여기가 자기 집 안방인 줄 알아? 영화의 세트장 같은 로비에서 소파에 누워 휴대폰을 보다니!'

'여기가 수영장인 줄 알아? 저런 차림으로 오면 안 되잖아!'

그런 사람들은 자기가 품위 없다는 사실을 알아차리지 못합니다. 어쩔 수 없이 어울리지 않는 복장으로 왔다고 해도, "아뿔싸! 이 자리에 이런 복장은 어울리지 않아!"라는 사실을 깨닫고 식은땀을 흘리는 사람은 아직 개선의 여지가 있습니다.

그 자리에 어울리지 않는 옷을 입고 있고, 그 자리에 어울리지 않는 행동을 해도 일류 호텔에서는 주의하라고 하지 않습니다. 단지 관계자들은 눈살을 찌푸리면서 마음속으로 그런 고객을 반기지 않을 따름입니다.

그런 사람을 보면 '일류 호텔에서 저렇게 품위 없게 행동하면 안 되지'라고 깨달으면 됩니다. 품위 있는 곳에서 한심한 행동을 하는 사람이 있으면, 자신은 그렇게 하지 않는지 돌아보아야 합니다.

품위가 몸에 배어 있는 사람은 우아하게 행동하는 사람을 보면 '저 사람에 비하면 나는 얼마나 한심한 짓을 하고 있나!'라는 사실을 깨달을 수 있습니다.

'아뿔싸! 오늘 내가 좀 품위 없게 행동했군'라고 깨달은 사람은 지금부터라도 품위 있게 행동할 수 있습니다. 그 사람의 시선은 항상 자기보다 수준 높은 사람에게 향해 있기 때문입니다.

'요즘 길거리에 왜 이렇게 품위 없는 사람이 많은지 모르겠군.'

이렇게 말하는 사람은 품위 없는 사람만 보는 것입니다. 이왕에 주변을 둘러볼 바에는 품위 없는 사람이 아니라 품위 있는 사람을 찾는 것이 어떨까요?

주변에 1,000명이 있으면 품위 있는 사람은 한두 명 정도입니다. 어떤 곳에 가도 품위 있는 사람을 찾아서, 그 사람이 어떻게 행동하는지 지켜보시기 바랍니다. 그러면 어느새 당신도 품위 있는 사람으로 변해 있을 테니까요.

〉 50대를 가장 젊게 사는 방법 〈

자신이 얼마나 품위 없는지를 알아채야 합니다

'마음 편히 있을 수 있다'는 것을
다른 말로 표현하면
'품위 없이 있을 수 있다'는 뜻입니다.
하지만 50대가 되어
마음 편히 있을 수 있는 곳에만
가서는 안 됩니다.
50대에도 안절부절못하는 곳,
어떻게 해야 할지 몰라서
식은땀을 흘리는 곳,
한 단계 더 발돋움할 수 있는 곳에
가지 않으면 더 젊고 더 즐겁게
살 수 없습니다.

50대의
진짜 즐거움은
귀찮음 속에
있습니다

♪귀찮은 것을 통해
즐거움을 알아가 보세요♪

50대가 되면 새로운 일을 하기가 점점 귀찮아집니다. 그래서 귀찮은 일과 귀찮지 않은 일이 있을 때는 귀찮지 않은 일을 선택합니다. 그러면 체험은 줄어들 수밖에 없습니다. 재미있는 체험은 귀찮은 일에 있기 때문입니다.

일에서도 취미 생활에서도, 귀찮지 않은 쪽을 선택했음에도 불구하고 도중부터 귀찮아지는 때도 있습니다. 반면에 귀찮아 보이는 쪽은 뜻밖에 귀찮지 않은 경우가 많습니다.

어떤 일을 하든 도중에 귀찮아졌을 때는 '아뿔싸! 다른 것을 선택해야 했나?'라고 후회하지 말고, 드디어 재미있어졌다고 생각하며 즐기는 것이 좋습니다. 나중에 되돌아보면 귀찮은 일들이 오히려 즐거운 추억이 되어 있을 테니까요.

예전에 인터뷰 프로그램을 만들기 위해 미국에 간 적이 있습니다. 그때 저는 일부러 호텔을 잡지 않고 콘도를 선택했습니다.

짐을 푼 다음 날, 콘도에서 요리하기 위해 슈퍼마켓에 음식재료를 사러 갔습니다. 슈퍼마켓에는 먹음직스러운 바나나가 있었는데, 바나나를 어떻게 사야 할지 몰라서 잠시 망설였습니다. 일본처럼 바나나를 들고 계산대에 가면 되는 것이 아닙니다. 자신이 필요한 만큼의 바나나를 봉투에 넣고, 무게를 재서 계산하는 형식이었던 것입니다.

다른 사람이 어떻게 사는지 보기 위해, 잠시 바나나 매장을 지켜보았습니다. 그러는 사이에 갑자기 화장실에 가고 싶어졌습니다. 점원에게 화장실이 어디에 있는지 물어보니 슈퍼마켓의 뒤쪽에 있다고 가르쳐주더군요.

뒤쪽으로 가보자 입이 떡 벌어질 만큼 커다란 창고가 있었습니다. 그리고 어딘가로 끌려가도 알 수 없을 만큼 화장실은 먼 곳에 있었습니다. 결국 저는 그 슈퍼마켓에서 반나절을 보냈습니다. 하지만 바나나를 사기 위해 반나절을 허비한 것이 지금은 즐거운 추억으로 남아 있습니다.

50대에 귀찮은 일을 얼마나 즐길 수 있느냐에 따라 남은 인생을 얼마나 재미있게 보낼 수 있느냐가 달려 있습니다.

《이웃집 토토로》와 《센과 치히로의 행방불명》 등을 만든 거장 미야자키 하야오 감독은 그림을 그릴 때, 항상 다리를 덜덜 떨면서 "아아, 귀찮아. 정말 귀찮군"이라고 말합니다. 그에게는 그림을 그리는 일이 가장 즐거운 일인 것입니다.

50대가 '귀찮다'라고 하는 말은 '즐겁다'는 말의 다른 표현이 아닐까요?

> ### 50대를 가장 젊게 사는 방법
> '귀찮다'라는 감정에서 벗어나 즐거운 경험이란 마음으로 즐겨봅니다

일에서도 취미 생활에서도, 귀찮지 않은 쪽을 선택했음에도 불구하고 도중부터는 귀찮아지는 때도 있습니다. 반면에 귀찮아 보이는 쪽은 뜻밖에 귀찮지 않은 경우가 많습니다.

어떤 일을 하든 도중에 귀찮아졌을 때는 '아뿔싸! 다른 것을 선택해야 했나?'라고 후회하지 말고, 드디어 재미있어졌다고 생각하며 즐기는 것이 좋습니다. 나중에 되돌아보면 귀찮은 일들이 오히려 즐거운 추억이 되어 있을 테니까요.

♪ 손으로 하는 작업이
젊음을 부르는 이유는 무엇일까요♪

최근 들어 손으로 무엇인가 만들거나 해본 적이 있습니까? 그림을 그리는 것도 좋고, 요리하는 것도, 가구를 만드는 것도 좋습니다. 50대를 제대로 즐기는 사람은 모두 수작업으로 하는 일을 한 가지씩 하고 있습니다.

수작업을 즐기는 사람은 모두 젊습니다. 수작업은 가장 좋은 치매 예방법이라고도 합니다. 수작업을 좋아하던 저의 친척 아저씨들은 모두 건강하게 오래 살았습니다. 틈만 있으면 그림을 그리거나 가구를 만들곤 하셨습니다.

아내가 세상을 떠나면 몰라볼 정도로 갑자기 늙어버리는 남편이 있습니다. 대부분 요리를 못 하는 이들입니다. 요리를 잘하는 사람은 아내가 세상을 떠나도 갑자기 늙지 않습니다. 지금처럼 가전제품이 풍요로운 세상이 되어도 집안일은 모두 수작업이지요. A/S센터만 답이 아닙니다. 50대에 가장 사랑받는 사람은 집안의 수리 담당입니다. 공구 세트를 들고 "뭐든 말만 해. 내가 말끔하게 수리해줄 테니까"라고 말하는 사람은 가족 모두에게 칭찬받고 사랑을 받습니다. 집에 문제가 있을 때, 뚝딱뚝딱 고칠 수 있는 것은 큰 장점입니다.

홈센터(각종 인테리어관련 재료 및 집과 관련된 용품을 파는 쇼핑몰)에 가면 남성들의 눈길이 생생하게 빛납니다. 그들은 나사 하나로도 모르는 사람과 몇 시간씩 이야기할 수 있습니다.

홈센터에는 "이런 도구도 있어?"라고 깜짝 놀랄 만큼 신기한 도구가 많이 놓여 있습니다. "펜치 종류가 이렇게 많을 줄 몰랐어!"라고 감탄할 만큼 벽 쪽에는 펜치 샘플이 쭉 늘어서 있기도 합니다.

50세쯤 되면 집 안의 물건이나 집 주변의 물건이 수리하기 좋을 만큼 망가집니다. 그것을 수리하기 위해서 수리전문가를 부를 수도 있습니다. 하지만 조금 엉성할지라도 직접 고쳐보는 게 어떨까요? 그러면 물건에 대한 애정도 솟구치고, 가족구성원들이나 주변 사람들에게 도움이 되고 있다는 만족감도 얻을 수 있습니다.

남이 나에게 무엇인가를 해줄 때보다 내가 남에게 무엇인가를 해주는 것이 더 즐겁지 않을까요?

물건이 망가지면 직접 수리해보는 것은 어떤가요?

50세쯤 되면 집 안의 물건이나
집 주변의 물건이 수리하기 좋을 만큼
망가집니다. 그것을 수리하기 위해서
수리전문가를 부를 수도 있습니다.

하지만 조금 엉성할지라도
직접 고쳐보는 게 어떨까요?

그러면 물건에 대한 애정도 솟구치고,
가족들이나 주변 사람들에게
도움이 되고 있다는
만족감도 얻을 수 있습니다.

♪ 체험하는 과정이
행복으로 이르는 지름길입니다 ♪

이 세상에 행복해지고 싶지 않은 사람은 없겠지요. 누구나 살아가면서 한 번쯤은 행운도 거머쥐고 싶어 하지요. 하지만 모든 사람이 갖고 싶어 하는 행복과 행운, 이 둘의 뜻은 비슷한 것 같으면서도 조금 다릅니다. 행복은 행운을 바라는 일이고, 아직 행운에 도착하지 않은 것입니다. 즉, 결과가 행운이고 도중의 과정이 행복입니다. 그렇다면 어떻게 하면 행복해질 수 있을까요?

행복해지고 싶다면 많은 것을 체험해야 합니다. 결과가 좋아서 행복해지는 것이 아닙니다. 어떤 일을 해보기로 마음먹은 순간, 행복은 이미 시작된 것입니다. 복권에서 가장 행복한 사람은 복권을 사기 위해 줄을 선 이들이 아닐까요? 그때 가장 가슴이 두근두근 거리기 때문입니다.

설레는 마음으로 컴퓨터를 사러 간 사람은 업체에서 내일 배송해준다고 해도, 자신이 직접 가져가겠다고 하는 경우가 있습니다. 컴퓨터 상자는 생각보다 꽤 큽니다. 그래도 그 큰 상자를 든 채 이동하는 그 시간이 그에게는 가장 즐겁기 때문입니다.

도서관에 책을 빌리러 갔을 때, 가장 즐거운 것은 어떤 책을 볼지 선택하는 시간입니다. 즉, 가장 즐거운 때는 도달점이 아니라 과정입니다. 여행도 마찬가지입니다. 목적지를 향해 출발한 순간, 이미 집으로 돌아올 때의 쓸쓸함을 느끼는 사람도 있습니다. 외국여행에서 가장 설레고 가장 가슴이 들뜨는 것은 여권을 받을 때입니다. 여행가는 날짜는 아직 한참 남았는데, 여권을 받는 순간 마치 여행을 간 것처럼 두근거리는 가슴을 주체할 수 없습니다. 비자를 받는 것은 상당히 귀찮은 일입니다.

그런데 그렇게 귀찮은 일을 하더라도 이후의 즐거움을 상상하면 굉장히 흥분되고 심장이 쿵쾅거립니다. 이것이 바로 진정한 체험이지요. 또한, 행복의 절정은 도달점의 상당히 앞쪽에 있다는 증거입니다. 체험, 즉 행복과 결과는 같은 곳에 있는 게 아니라 한참 떨어져서 있는 것입니다.

<50대를 가장 젊게 사는 방법>

두근거리는 체험을 늘려서 행복하게 삽니다

귀찮은 일을 하더라도
이후의 즐거움을 상상하면
굉장히 흥분되고 심장이 쿵쾅거립니다.

이것이 바로 진정한 체험이지요.

또한, 행복의 절정은
도달점의 상당히 앞쪽에 있다는 증거입니다.

체험, 즉 행복과 결과는
같은 곳에 있는 게 아니라
한참 떨어져서 있는 것입니다.

♪ 자신의 생생한 체험이야말로 인기를 부르는 비결입니다 ♪

만날 때마다 즐겁고 기분 좋은 사람이 있습니다. 바로 이야깃거리를 많이 가지고 있는 사람입니다. "이런 일이 있었어" "그때 이런 일을 했지"라는 체험담을 많이 들을 수 있어서 만날 때마다 가슴이 두근거리고 즐겁습니다.

반대로 만날 때마다 불쾌하고 기분이 언짢아지는 사람이 있습니다. "인간이란 자고로 이래야 한다" "월급쟁이는 이렇게 행동해야 한다"라고 일장 연설을 늘어놓는 사람입니다. 하지만 '이래야 한다'는 설교가 즐거운 사람은 말하는 당사자뿐이 아닐까요?

많은 이들에게 인기가 있는 사람은 이야깃거리를 많이 가지고 있습니다. 극단적으로 말해서 남성들 사이에서는 전과가 있는 사람도 인기가 있습니다. 자신이 저지른 죄에 대해서 이야깃거리를 많이 가지고 있기 때문입니다.

또한 그 사람은 교도소 안에서 많은 이들로부터 다양한 이야기를 들었을 터입니다. 교도소 안은 따분하므로 자신이 지금까지 어떻게 살아왔는지, 서로 앞을 다투어 체험담을 늘어놓습니다. 다시 말해, 이야깃거리의 보물창고나 다름없습니다.

가장 시시한 것은 간접적으로 듣는 이야기입니다. 인터넷 사회는 간접적으로 듣는 이야기들로 넘치고 있습니다. 어떤 이야기를 들었을 때 "그래서 어떻게 됐지?"라고 파고들면, '나도 잘 몰라. 딴 사람에게 들은 거니까"라는 대답이 돌아옵니다.

자신이 체험한 일은 상대가 파고들어도 "그건 이렇게 됐고 그런 다음에…"라고 끝까지 대답할 수 있습니다. 자신이 직접 겪은 생생한 체험이기 때문입니다.

체험담이 꼭 성공담일 필요는 없습니다. 오히려 "그러다가 결국 실패해서 나중에는 엉망진창이 됐지"라는 이야기가 더 재미있으니까요.

여자들이 졸졸 따라다녔다는 이야기도 별로 재미가 없습니다. "여자들이 나를 가만히 놔두지 않았다니까."

이렇게 말하는 사람을 보면 '이 사람은 지금 거짓말을 하든지 여자들에게 속고 있군'이라는 생각이 듭니다. 오히려 "결국 여자들에게 돈만 갖다 바치고 빈털터리가 되었지"라는 사람의 말이 더 재미있고 신뢰가 갑니다. 말하는 내용과 상대에게 주는 인상은 정반대가 됩니다. 이처럼 50대를 즐겁게 살기 위해서는 다양한 체험을 통해 이야깃거리를 늘려야 합니다.

50대를 가장 젊게 사는 방법

생생한 체험을 통해 이야깃거리를 늘립니다

제 4 장

만날 때마다 즐겁고 기분 좋은 사람이 있습니다. 바로 이야깃거리를 많이 가지고 있는 사람입니다. "이런 일이 있었어" "그때 이런 일을 했지"라는 체험담을 많이 들을 수 있어서 만날 때마다 가슴이 두근거리고 즐겁습니다.

반대로 만날 때마다 불쾌하고 기분이 언짢아지는 사람이 있습니다. "인간이란 자고로 이래야 한다" "월급쟁이는 이렇게 행동해야 한다"라고 일장 연설을 늘어놓는 사람입니다. 하지만 '이래야 한다'는 설교를 즐거워하는 사람은 말하는 당사자뿐이 아닐까요?

♪ 가장 멋진 캐리어는
홈집투성이의 캐리어가 아닐까요♪

외국여행을 갈 때, 대부분의 사람들은 캐리어를 가지고 갑니다. 따라서 캐리어를 보면 그 사람이 얼마나 여행을 많이 다녔고, 얼마나 체험을 많이 했는지 알 수 있습니다.

"어때? 최신식 캐리어야. 굉장히 비싼 명품이지."

이렇게 자랑을 할지 모르겠지만, 새 캐리어는 별로 멋있어 보이지 않습니다. 정말로 멋진 캐리어는 여기저기가 움푹 들어간 홈집투성이의 캐리어입니다. 캐리어의 홈집에는 그 사람이 지금까지 겪은 체험들이 고스란히 배어 있기 때문입니다.

홈집이 하나도 없는 새 물건이 멋있다고 착각하지 말아야 합니다. 정말로 멋진 물건은 오랫동안 사용해서 손때가 묻어 있거나 홈집이 있는 물건입니다.

남성의 몸도 마찬가지입니다. 많은 남성이 모르는 것이 있는데, 여성은 의외로 남성의 상처에 매력을 느낍니다. 육체의 상처가 매력을 감소시키는 것이 아니라 오히려 증폭시키는 것입니다.

남성의 몸에 있는 상처를 여성은 고혹적인 눈길로 바라봅니다.

'이렇게 깊은 상처가 있다니, 이 사람은 엄청난 일은 겪은 게 아닐까?'

그들은 이렇게 생각해서 상처 있는 남자를 반짝이는 눈으로 바라봅니다. 어린아이처럼 상처 하나 없는 매끈한 몸의 소유자에게는 아무런 매력도 느끼지 못하는 것입니다.

〈 50대를 가장 젊게 사는 방법 〉

흠집 있는 물건의 가치에 대해 생각해봅니다

♪여행지에서 평소처럼 지내보는 의외의 즐거움♪

여행을 자주 하는 사람은 여행지에서 악착같이 뭔가를 하려고 하지 않습니다. 아침 일찍 일어나서 여기저기 돌아다니지 않고 평소처럼 행동하는 것입니다.

예전에 광고회사에 다닐 때, 외국에 가서도 일본 음식을 먹는 선배가 있었습니다. 평소에 해외 촬영을 자주 하는 선배였는데, 그가 그런 행동을 하는 것은 외국이 낯설고 외국 음식이 입에 맞지 않아서 그런 게 아닙니다.

'모처럼 외국에 왔으면 현지 음식을 경험하는 게 좋지 않을까? 왜 선배는 계속 일본 음식만 먹을까?' 이런 생각이 들어 처음에는 그것이 이상해서 견딜 수 없었습니다.

그 이유를 안 것은 오랜 세월이 지난 후였습니다. 어디에 있든 평소처럼 생활하는 것이 진정한 멋이라는 사실을 깨달은 것입니다.

성실하고 열심히 사는 사람일수록 외국에 갈 때 일정을 빽빽하게 짜곤 합니다. 그런 사람들에게 아무것도 하지 않는 날은 고통에 불과합니다.

"아침 일찍 일어나 골프장에 가서 모든 홀을 다 돌자. 오후에는 이것저것 체험을 즐기면서 중간에 쇼핑하고 밤에는 마술쇼를 보자."

이런 식으로 일정을 빽빽하게 짜지 않으면 여행하는 의미가 없다고 생각합니다.

"오늘은 온종일 풀사이드에서 책을 읽었어."

그들은 이렇게 말하는 사람을 이해할 수 없습니다.

'그런 건 굳이 외국에 가지 않아도 할 수 있잖아? 기껏 외국까지 가서 책을 읽다니! 돈도 아깝고 시간도 아까워!'

하지만 외국에 가서도 평소처럼 행동하거나 아무것도 하지 않는 사람은 인생을 풍요롭게 살 수 있습니다.

아무것도 하지 않는다고 해서 정말로 아무것도 하지 않는 것이 아닙니다. 책을 읽는 동안, 따뜻한 햇볕을 쪼이는 동안, 침대에서 이리저리 뒹구는 동안, 머리로 많은 것을 생각하고 몸으로 많은 것을 느끼고 있습니다.

새로운 것을 많이 체험하면 처음 하는 일에만 눈길이 가서 오히려 중요한 것을 간과할 수도 있겠지요. 하지만 하와이의 해변에 앉아서 시바 료타로司馬遼太郎, 주로 역사소설을 쓰는 일본의 국민 작가의 역사소설을 읽는다고 상상해보세요. 얼마나 자유롭고 즐거울까요?

예전에 경유로 인해 밀라노 공항에서 대기하는 동안, 만담가인 가쓰라 베이초桂米朝 씨의 만담을 들었습니다. 밀라노 공항에서 그의 만담을 듣는 게 그토록 즐거운 일인 줄은 그때 처음 알았습니다.

병원 대기실에서 염세주의자였던 다자이 오사무太宰治의 작품을 읽으면 자기도 모르게 깊숙이 빠져듭니다. 또한 건강검진을 받으러 가서 일본 애니메이션의 아버지라 불리는 데즈카 오사무手塚治虫의 〈붓다〉를 보는 것도 즐거운 일입니다. 건강검진을 받는 사이에 〈붓다〉를 보면서 불현듯 삶과 죽음에 관해 생각해보는 것도 좋지 않을까요?

이처럼 50대에는 조금은 색다른 곳에서 평소와 똑같은 체험을 하는 것이 중요합니다. 똑같은 책이라도 읽는 장소에 따라 그 느낌은 완전히 달라지는 법이니까요.

> **50대를 가장 젊게 사는 방법**

여행지에서도 일상처럼 지내봅니다

외국에 가서도
평소처럼 행동하거나
아무것도 하지 않는 사람은
인생을 풍요롭게 살 수 있습니다.
아무것도 하지 않는다고 해서
정말로 아무것도 하지 않는 것이 아닙니다.

책을 읽는 동안,
따뜻한 햇볕을 쪼이는 동안,
침대에서 이리저리 뒹구는 동안,
머리로 많은 것을 생각하고
몸으로 많은 것을 느끼고 있습니다.

♪여행은 사람을 만나기 위해
가야 합니다♪

"나카타니 씨는 여러 나라를 가본 걸로 아는데, 어느 나라가 가장 좋던가요?"

"나카타니 씨는 현재 글도 쓰면서 호텔 컨설팅도 하고 계시는데, 어느 호텔이 좋은가요?"

저는 이런 질문을 종종 받습니다. 그러면 어느 나라가 좋다거나, 어느 호텔이 좋다고 대답하지 않습니다. "여기에 가면 ○○라는 분이 있으니까 한번 만나보세요. 그분과 이야기하면 굉장히 재미있을 겁니다"라는 식으로 사람을 만나라고 합니다.

사람들은 멋진 건물을 보면 "굉장하다!"라고 감탄사를 연발합니다. 아름다운 경치를 보면 "이렇게 아름다울 수가!"라고 말하며 눈에 새깁니다. 맛있는 음식을 먹으면 "정말 맛있다!"라고 가슴에 저장합니다. 하지만 그것만으론 '또 가고 싶다'라는 생각

은 들지 않습니다. 그보다 중요한 것은 사람입니다. 여행은 사람을 만나기 위해 가야 합니다. 그 사람 안에 멋진 이야기가 담겨 있기 때문입니다.

레스토랑에 갈 때, 사람은 두 유형으로 나누어집니다. 음식을 먹으러 가는 사람과 셰프와 이야기하러 가는 사람입니다. 두 사람 중에 인생을 더 즐기는 사람은 누구일까요? 두말할 것도 없이 셰프와 이야기하러 가는 사람입니다. 그런 사람은 옆 테이블의 손님이나 웨이터와도 친구가 될 수 있습니다. 라운지나 바에 가서, 그곳에서 만난 사람과 친구가 되기도 합니다.

호텔이나 레스토랑 안에 정원을 만드는 정원사는 대단한 장인입니다. 그런 장인들과 이야기를 나누는 것도 즐거운 일입니다. 호텔 방까지 안내해주는 종업원과 친구가 되는 것도 여행에서만 가질 수 있는 행복한 체험입니다.

체험하면 반드시 사람과의 만남이 생겨납니다. 좋은 사람을 많이 만나면 50대를 더 젊고, 더 즐겁게 보낼 수 있지 않을까요?

〈 50대를 가장 젊게 사는 방법 〉

여행지에서 새로운 인간관계를 맺어봅니다

제 4 장

사람들은 멋진 건물을 보면
"굉장하다!"라고 감탄사를 연발합니다.
아름다운 경치를 보면
"이렇게 아름다울 수가!"라고 말하며
눈에 새깁니다. 맛있는 음식을 먹으면
"정말 맛있다!"라고 가슴에 저장합니다.
하지만 그것만으론
'또 가고 싶다'라는 생각은 들지 않습니다.

그보다 중요한 것은 사람입니다.
여행은 사람을 만나기 위해 가야 합니다.
그 사람 안에 멋진 이야기가
담겨 있기 때문입니다.

♪ 머리가 아니라 몸으로 배우는 즐거움을 느껴보세요 ♪

무엇인가를 배울 때, 마음껏 즐기는 사람과 그러지를 못하는 사람이 있습니다. 이 둘의 차이점은 무엇일까요? 배움 자체를 즐기지 못하는 사람은 이론부터 공부합니다. 머리로 납득하지 않으면 무엇인가를 배울 수 없기 때문이지요.

"깊이 생각하지 말고 일단 해봅시다."

그렇게 말하면 이렇게 반문하곤 합니다.

"네? 왜요?"

"선생님, 실제로 해보기 전에 조심해야 할 건 뭔가요?"

이런 질문을 하는 것은 몸이 아니라 머리로 하려고 하기 때문입니다.

하지만 포인트를 먼저 들으면 그것이 선입견이 되어서 제대로 할 수 없습니다. 그에 비해 아무런 선입견 없이 일단 해보면 오히려 쉽게 할 수 있습니다.

이를테면 한 시간짜리 댄스 교습이 있다고 가정해 보겠습니다. 보통은 뒤쪽으로 갈수록 잘한다고 생각하기 쉽지만 실은 반대입니다. 한 시간짜리 댄스 교습에서 가장 잘하는 것은 가장 앞서 한 부분입니다. 다시 말해 아무런 선입견 없이 무턱대고 해 본 첫 번째 동작이 가장 잘한 것입니다.

시간이 지나면 점점 생각이 많아지면서 동작이 이상해지고 엉성해집니다. "여기에서는 이것에 신경 써야 해" 하고 의식하면 엉뚱한 곳에 힘이 들어가기도 합니다.

50대에는 댄스든 악기든 운동이든, 특히 몸으로 하는 것을 가장 즐겁게 배울 수 있습니다. 그럴 때에는 아무것도 모르는 백지 상태에서 일단 시도해보는 것은 어떨까요?

〈 50대를 가장 젊게 사는 방법 〉

한번쯤은 몸으로 하는 것을 배워봅니다

정년퇴직 이후의 계획을 지금 해봐야 하는 이유

50대가 되면 정년퇴직을 염두에 두지 않을 수 없습니다. 그래서 많은 사람이 정년퇴직 이후의 삶에 관해 고민하기 시작합니다. 개중에는 정년퇴직하면 어떤 것을 배우고, 어떻게 살겠다고 계획하는 이들도 있습니다. 하지만 그런 사람은 정년퇴직해도 그것을 배우지 않고, 그렇게 살지 않습니다. 정말로 멋진 계획을 세우고 그 계획대로 실천하는 사람은 50대인 지금부터 시작합니다.

정년퇴직 이후에 배우고 싶은 것이 있다면 지금부터 미리 준비하는 편이 좋습니다. 남은 인생을 즐겁게 살기 위한 일이라면 정년퇴직을 하고 나서 배울 필요는 없지 않을까요?

사흘만 배우면 할 수 있는 일은 어차피 그렇게 즐거운 일이 아닙니다. 즐거움은 배우는 시간에 정비례하는 법입니다. 배우는 시간이 길면 길수록 즐거움도 커지는 것입니다.

재미있는 것은 순간이고, 즐거운 것은 지속성이 있습니다. 따라서 사흘간 배워서 할 수 있는 일은 "와! 해냈다! 재밌다!"라고 생각하는 순간은 있어도, 진정한 즐거움에까지 이르지는 못합니다.

"정년퇴직하면 장기 계획을 세워서, 시간이 오래 걸리는 것을 배워야지."

이렇게 마음먹어도, 막상 정년퇴직하고 나면 배우지 않게 됩니다. 시간은 있지만 돈이 많이 든다, 배우는 곳이 집에서 너무 멀다, 몸이 따라가지 못한다 등 이런저런 핑계를 대개 됩니다.

지금은 바쁘니까 정년퇴직 이후에 하겠다고 말하는 사람은 결국 하지 않을 핑계를 대고 있는 것뿐입니다. 정년퇴직 이후에 배우고 싶은 것이 있습니까? 그렇다면 지금 당장 시작하시기 바랍니다.

〈 50대를 가장 젊게 사는 방법 〉

정년퇴직 이후에 배우고 싶은 것은 지금 당장 시작해봅니다

♪ 젊은이에게 체험은 최고의 선물이 됩니다 ♪

50대가 되면 다른 사람에게 뭔가를 선물해줄 여유가 생깁니다. 다른 사람에게 주는 선물 중에서 가장 좋은 것은 무엇일까요? 그것은 돈이나 물건이 아니라 바로 체험입니다. 자기보다 젊은 사람들을, 그들의 인맥으로는 갈 수 없는 곳에 데려가 주는 것이 최고의 선물입니다.

이 세상에는 돈을 주고도 갈 수 없는 곳이 많이 있습니다. 자기보다 젊은 사람을 그런 곳에 데려가서, 이런 세계가 있다고 가르쳐주는 것이 50대의 역할입니다. 그러면 젊은 사람들은 그 체험을 통해 많은 것을 배울 수 있습니다.

돈이나 물건은 젊은 사람도 얼마든지 손에 넣을 수 있습니다. 그런데 이 세상에는 선물로 받지 않으면 할 수 없는 중요한 체험들이 많이 있습니다.

"뭘 갖고 싶어?"

이렇게 물어보아서 상대가 얼마든지 살 수 있는 물건이나 상대가 좋아하는 물건, 상대가 자주 쓰는 물건을 선물하는 것은 단지 돈을 낸 것에 불과합니다. 그것만으론 상대도 고마움을 느끼지 않을 뿐만 아니라 선물하는 50대의 역할을 다하지 못한 것이 됩니다.

50대를 누구보다 젊게, 누구보다 즐겁게 살고 싶습니까? 그렇다면 젊은 사람이 자기 힘으로 갈 수 없는 곳에 데려가 주세요. 그것을 통해 젊은 사람은 한 단계 성장할 수 있고, 당신은 50대를 누구보다 값지게 살아갈 수 있을 테니까요.

젊은 사람에게는 체험을 선물합니다

50대가 되면
다른 사람에게 뭔가를
선물해줄 여유가 생깁니다.
다른 사람에게 주는 선물 중에서
가장 좋은 것은 무엇일까요?

그것은 돈이나 물건이 아니라
바로 체험입니다.
자기보다 젊은 사람들을,
그들의 인맥으로는 갈 수 없는 곳에
데려가 주는 것이
최고의 선물입니다.

제5장

50대는 정신력으로 체력을 극복하는 시기입니다

♪ 신사란 다름 아니라 정신력이 강한 남자를 말합니다 ♪

50대가 되면 아무리 건강하다고 자부하는 사람이라도 체력이 떨어질 수밖에 없습니다. 그것을 인정하지 않고 무조건 체력을 단련하려고 해서는 안 됩니다. 40대는 코어 트레이닝과 같은 것으로 근력을 단련해야 하지만, 50대에 접어들면 체력보다 정신력을 단련해야 합니다. 50대가 되면 단거리 달리기보다 장거리 달리기에 강해집니다. 장거리 달리기에는 정신력이 필요하고, 울트라 마라톤에는 더욱 강한 정신력이 필요합니다.

스포츠는 두 가지 종류로 나눌 수 있습니다. 육체적인 능력이 더욱 요구되는 것과 정신력이 강한 게 유리한 것으로 나뉩니다. 육상이나 축구처럼 신체 능력이 중요한 신체조건과 체력이 중요한 스포츠에서는 젊은 사람이 유리할 수밖에 없습니다. 하지만 골프나 양궁, 볼링, 다트 게임처럼 집중력이 중요한 정신력 싸움의 스포츠에서는 반드시 젊은 사람이 유리한 것만은 아닙니다.

예를 들어 양궁의 스승들은 대부분 나이가 많습니다. 50대는 아직 젊은 축에 속합니다. 양궁처럼 과녁을 맞히는 게임에서는 체력보다 집중력이 중요하기에, 정신력이 강한 사람이 승리를 차지합니다.

골프는 50대, 60대가 되어도 점점 더 실력이 늘 수 있습니다. 다만 도구에 집착하기 시작하면 이윽고 벽에 부딪히게 됩니다.

물론 도구는 계속 진화하고 있습니다. 하지만 정신력을 단련하지 않고 도구에만 의지하면 점수가 좋지 않았을 때 반성하지 않고 계속 퍼터만 교체하게 됩니다. 정신력을 단련하기 위해서는 멘탈이 강한 스포츠 선수를 보는 것도 좋은 방법입니다.

스포츠에는 실력도 중요하지만 운도 중요합니다. 항상 행운과 불운이 따라다니게 되지요.

골프에서 상대가 공을 쳤을 때, 순풍이 불어서 멀리 날아갑니다. 그런데 자신이 쳤을 때 갑자기 역풍이 불어서 앞쪽에 떨어지거나 연못에 빠지기도 합니다. 이렇게 운이 좋지 않을 때일수록 정신력이 필요합니다.

운이 좋지 않을 때, 정신력이 강한 사람이 정신력을 어떻게 유지하는지 보면 많은 공부가 됩니다. 반면에 그 사람이 사용하는 퍼터나 클럽에만 관심을 가지면 정신력을 단련할 수 없습니다. 그런 사람은 골프라는 운동을 잘못 배운 것입니다.

신사紳士란 기술력이 있는 사람이 아니라 정신력이 강한 사람입니다. 그런 사람은 캐디에게도 인기가 있습니다. 그리고 캐디에게 인기가 있는 사람은 골프를 제대로 즐길 수 있습니다.

캐디는 좋아하는 사람과 싫어하는 사람을 확실하게 구분합니다. 다만 그런 감정이 얼굴에 드러나지 않도록 조절하고 있는 것뿐입니다.

그들은 본인이 담당한 사람이 좋은 결과를 낼 수 있도록 이런서런 조언을 합니다. 앞으로 몇 야드 남았다는 것까지도 정확하게 가르쳐줍니다.

그런데 골프를 치는 사람 중에는 캐디의 말을 믿지 않는 사람이 있습니다. 그런 사람은 캐디를 자기편으로 만들 수 없습니다.

캐디가 권한 클럽으로 쳐서 좋은 결과를 얻지 못할 수도 있습니다. 하지만 그것은 캐디 탓이 아니라 당연히 본인 탓입니다. 그런데 캐디 탓을 하는 사람이 있습니다.

"어쩐지 그 클럽으로 치고 싶지 않더라. 괜히 그 클럽으로 쳐서 이렇게 됐어."

그런 사람은 캐디로부터 좋은 평가를 받을 수 없습니다. 본인은 모르지만 같은 그룹의 사람들도 얼굴을 찡그리고 있습니다. 거기서 우물쭈물하고 있으면 뒤쪽 그룹이 빨리 가라고 화를 내기도 합니다. 골프장에서 인기 있는 사람은 골프를 잘 치는 사람이 아닙니다. 같이 플레이해서 즐거운 사람입니다.

50대부터 골프를 시작하는 사람은 타수가 많아서 시간이 오래 걸립니다. 타수를 줄이고 다른 사람들에게 민폐를 끼치지 않으려면 우선 정신력 단련하는 것이 중요합니다. 골프는 결국 정신력 싸움이니까요.

50대를 가장 젊게 사는 방법

정신력으로 체력을 극복해봅니다

신사紳士란 기술력이 있는 사람이 아니라
정신력이 강한 사람입니다.
그런 사람은 캐디에게도 인기가 있습니다.
그리고 캐디에게 인기가 있는 사람은
골프를 제대로 즐길 수 있습니다.
캐디는 좋아하는 사람과
싫어하는 사람을 확실하게 구분합니다.
다만 그런 감정이 얼굴에 드러나지 않도록
조절하고 있는 것뿐입니다.

작은 일에도 화내는 사람은 사랑받지 못합니다

주변 사람들로부터 사랑받으면 누구나 행복해집니다. 이것은 나이와 관계없이 태어날 때부터 죽을 때까지 마찬가지입니다. 그런데 유난히 주변 사람들로부터 사랑받지 못하는 사람이 있습니다. 그런 사람을 자세히 살펴보면 한 가지 특징을 가지고 있습니다. 작은 일에도 걸핏하면 화를 내는 것입니다. 50대가 되면 화를 잘 내는 사람과 화를 잘 내지 않는 사람으로 나누어집니다. 어떤 사람이 화를 잘 내고, 어떤 사람이 화를 잘 내지 않을까요?

50대가 되면 지금까지 어떻게 살아왔는지, 그 사람의 행동에 그대로 나타납니다. 지금까지 많은 사람에게 혼나거나 야단맞은 사람은 가슴속에 울분과 스트레스가 잔뜩 쌓여 있어서, 그것을 풀 곳을 찾고 있습니다.

40대에 부하 직원이 잘못을 저지르면 그때 화를 내거나 야단

치는 편이 좋습니다. 그런데 그렇게 하지 않고 가슴속에 담아두는 사람이 있습니다. 자신만 참으면 된다고 생각해서 좋은 사람인 척 연기하고 있었던 것입니다.

40대까지는 억지로 참을 수 있습니다. 하지만 50대가 되면 한계치를 뛰어넘습니다. 그런 사람은 편의점에 갔을 때, 별안간 외국인 점원에게 화를 내기도 합니다. 겨우 분노를 터트릴 곳을 찾은 것입니다. 점원이 아이스커피와 아이스티를 착각하기라도 하면, "이때다!"라고 생각해서 화의 미사일 스위치를 누릅니다.

그런 사람 중에는 평소에 야단을 맞을 뿐, 다른 사람을 야단칠 기회가 없었던 사람이 많습니다. 성실하고 자제심이 강한 사람일수록 별안간 폭발해서 화내거나 엉뚱한 사람에게 분노를 터트리는 일이 있습니다.

이른바 동쪽에서 뺨 맞고 서쪽에서 화풀이하는 현상이 일어나는 것입니다. 엉뚱한 사람에게 화풀이하면 모든 사람이 엄청난 혼란에 빠지게 됩니다. 만약 조바심이 머리끝까지 솟구치면 마음속으로 이렇게 중얼거리시기를 바랍니다.

'나는 지금 이 사람 때문에 조바심이 나는 게 아니라 실은 저 사람 때문에 조바심이 나는 거다. 괜히 이 사람에게 화풀이하면 안 된다.'

그러면 엉뚱한 사람에게 분노를 터트리지 않을 수 있습니다.

원인을 제공한 사람에게 화를 내면 그래도 비난받지 않습니다. 하지만 원인을 제공하지 않은 사람에게 분노를 터트리면 온갖 비난을 한 몸에 받게 됩니다. "정말 이상한 사람이군. 왜 엉뚱한 사람에게 화풀이를 하는 거야?"라고 말이지요. 그러면 결국 누구에게도 사랑받지 못하고 손가락질만 받게 됩니다.

〈 50대를 가장 젊게 사는 방법 〉

엉뚱한 곳에서 분노를 터트리지 않습니다

♪ 마음속으로 집어삼킨 자제심은 언젠가 솟구치게 마련입니다 ♪

사회생활을 하면서 산전수전을 모두 겪은 만큼, 40대부터는 자제심이 강해집니다. 그런데 50대에 접어들면 자제심이 엉뚱한 방향으로 튀어나올 때가 있습니다. 그동안 계속 이를 악물고 참아온 사람은 반성하지 않습니다. 그들은 마음속으로 이렇게 생각하고 있습니다.

"나쁜 사람은 상사나 부하 직원이지 내가 아니다. 나만 참으면 이 자리는 원만히 넘어갈 수 있다. 지금은 반박하지 말고 가만히 있자."

그런데 마음속으로 집어삼킨 자제심은 언젠가 솟구치게 마련입니다.

"이를 악물고 참고 있는데 왜 내게 화를 내는 거지?"

"나는 그동안 계속 참으면서 손해만 봤어."

이렇게 생각하다가 갑자기 폭발하는 사람은 대부분 50대입니다. 실은 계속 참았다가 갑자기 폭발하는 사람은 평소에 매우 성실한 편입니다. 평소에 독설을 날리는 사람이나 자기 생각을 바로 쏟아내는 사람은 결코 갑자기 폭발하지 않습니다.

평소에 누구보다 성실하고 좋은 사람이었던 만큼, 폭발했을 때의 모습을 보면 다들 깜짝 놀라게 됩니다. 그만큼 가슴속에 쌓인 응어리가 많다는 뜻이기도 하겠지요.

인내하는 사람은 그래도 자신의 행동을 반성합니다. 하지만 자제만 하는 사람은 자기 행동을 반성하지 않고 다른 사람을 원망합니다. 인내심이 강하다고 말하면서 자기 행동을 반성하지 않는 사람은 그저 자제심이 강한 것뿐입니다.

불교 용어 중에 '아만我慢'이란 말이 있습니다. 남을 업신여기며 잘난 체한다는 뜻입니다. 자제심이 강한 사람 중에는 이런 '아만'을 가지고 있는 사람이 많습니다.

마음속으로 남을 무시할 바에는 차라리 자제하지 말고 자기 마음대로 행동하는 편이 좋습니다. 자기 마음대로 행동하는 대신, 그 행동에 따른 책임을 지면 됩니다.

회의를 할 때도 솔직하게 말합니다. 상사에게도, 부하 직원에게도, 고객에게도 마음속에 있는 말을 솔직하게 털어놓습니다. 그러면 상대방도 그 말에 대해 반박이든 수긍이든 할 것입니다. 그 결과 어떻게 되든, 그것에 대해 스스로 책임을 지면 되는 것입니다. 억지로 자제하면서 속마음과 다른 말을 하거나 자기 행동에 대해 책임지지 않고 도망치기만 하면 인생이 즐거울 리가 없지 않을까요?

> **50대를 가장 젊게 사는 방법**
>
> 지나치게 자제만 하지 말고 속마음을 말합니다

실은 계속 참았다가 갑자기 폭발하는 사람은 평소에 매우 성실한 사람입니다. 평소에 독설을 날리는 사람이나 자기 생각을 바로 쏟아내는 사람은 결코 갑자기 폭발하지 않습니다.

평소에 누구보다 성실하고 좋은 사람이었던 만큼, 폭발했을 때의 모습을 보면 다들 깜짝 놀라게 됩니다. 그만큼 가슴속에 쌓인 응어리가 많다는 뜻이기도 하겠지요.

인내하는 사람은 그래도 자신의 행동을 반성합니다. 하지만 자제만 하는 사람은 자기 행동을 반성하지 않고 다른 사람을 원망합니다. 인내심이 강하다고 말하면서 자기 행동을 반성하지 않는 사람은 그저 자제심이 강한 것뿐입니다.

사람은 회사 대 회사가 아니라 인간 대 인간으로 만납니다

50대가 되면 노래나 악기, 댄스처럼 자신이 지금까지 배운 것을 발표하는 사람이 있습니다. 30대나 40대까지는 그래도 어설픈 자신의 공연을 보러 와주었다는 의식을 하고 있습니다. 그래서 발표회를 보러 온 가족이나 지인에게 고마운 마음을 가지곤 합니다.

그런데 50대가 되면 높은 자리에 있는 경우가 많아서, '내가 지금 무엇인가를 보여주고 있다'라는 거만한 마음을 갖기 십상입니다. 그래서인지 발표회를 보러 온 가족이나 지인에게 고마운 마음을 가지기보다는 당연하다는 표정을 짓는 사람이 많습니다. 발표회에 온 사람은 일부러 돈과 시간을 내고, 그 시간에 해야 할 일을 미루면서까지 왔는데 말이지요.

그러므로 발표회를 할 때는 일부러 시간을 내서 와준 이들에

제 5 장

게 부끄럽지 않은 모습을 보여주려고 노력해야 합니다.

어설퍼도 좋고 실력이 모자라도 좋습니다. 적어도 자신이 보여주고 있다는 거만한 마음은 가지지 말아야 합니다. 중요한 것은 '온 힘을 다하겠다'라는 자세이고, 자신의 발표회를 보러 와준 것에 대해 진심으로 고마움을 가지는 마음입니다. 아마추어의 발표회는 전부 의리로 와준 사람들입니다. 즉, 그 사람들에게 빚을 진 것이나 마찬가지입니다.

그런데 보여주고 있다고 여기는 사람은 오히려 상대가 자신에게 빚을 졌다고 생각하게 됩니다. 이런 잘못된 생각이 나중에 커다란 실수를 저지르는 원인이 됩니다. 누군가에게 빚을 졌을 때는 그런 사실을 확실히 기억하고 있는 것이 중요합니다.

예를 들어 50대에 독립해 강사가 된 사람이 세미나를 열었다고 가정합시다. 첫 번째, 세미나에는 지인들이 모두 가주었는데 두 번째는 가지 않습니다. 의리로 한 번 가줬으면 됐다고 생각하는 것입니다.

지인들은 '의리로 한 번 가줬으니까 상대는 내게 빚이 있다'라고 생각합니다.

그런데 강사 쪽에서는 반대로 의식합니다.

'그렇게 좋은 이야기를 해줬으면 다음에는 다른 사람을 데려와

야 하잖아? 그런데 왜 안 데려오는 거지?'

이렇게 되면 빚에 대한 개념이 바뀌면서 인간관계의 단추가 잘못 끼워지게 됩니다.

50대가 되면 특별한 일이 생겼을 때, 의리로 해주는 사람이 많습니다. 그래야 인간관계를 유지할 수 있어서입니다. 그런 사실을 알아차리지 못하는 사람은 이직에서도 실패하게 됩니다.

"당신은 커피에 대해 잘 아니까 커피숍을 하면 잘하실 것 같아요. 만약 커피숍을 내시면 매일 가겠습니다."

이것은 의리로 하는 말일 뿐입니다. 이 말을 곧이곧대로 받아들여서 커피숍을 차리면 망하기 딱 좋습니다.

"매일 오겠다고 말한 녀석이 한 번 오고 안 오다니! 이래도 되는 거야?"

나중에 이렇게 화를 내봐야 아무 소용이 없습니다.

30대까지만 해도 지켜야 할 의리가 그렇게 크지 않습니다. 하지만 50대가 되면 회사의 간판이나 지금까지의 인간관계, 회사 대 회사의 관계 등 이런저런 의리로 뒤얽히게 됩니다.

그런 사실을 빨리 알아차리는 편이 좋습니다. 그러기 위해서는 회사 대 회사가 아니라 인간 대 인간으로 만나야 합니다. 회사라는 배경이나 직책을 떠나서 일대일로 만나야 하는 것입니다.

50대가 되면 회사 안에서 직책이 높아집니다. 따라서 회사의 간판 때문에 어쩔 수 없이 한 말을 자기에게 한 말처럼 착각하기 쉽습니다. 이것이 50대에는 가장 경계해야 할 점입니다.

<정렬>
50대를 가장 젊게 사는 방법

상대방이 의리로 해주고 있다는 사실을 알아차립니다
</정렬>

30대까지만 해도 지켜야 할 의리가
그렇게 크지 않습니다.
하지만 50대가 되면 회사의 간판이나
지금까지의 인간관계,
회사 대 회사의 관계 등
이런저런 의리로 뒤얽히게 됩니다.
그런 사실을 빨리
알아차리는 편이 좋습니다.

그러기 위해서는
회사 대 회사가 아니라
인간 대 인간으로 만나야 합니다.
회사라는 배경이나 직책을 떠나서
일대일로 만나야 하는 것입니다.

모든 사람이 당신을 위해
사는 것은 아님을 기억하세요

40대까지는 자신을 둘러싼 사람들이 계속 늘어납니다. 끊임없이 새로운 사람을 만나는 것입니다. 그런데 인생이 끝날 때까지 그런 일들이 계속된다고 생각하면 큰 착각입니다. 주변에서 아는 사람들이 하나둘씩 줄어드는 것은 50대의 큰 특징입니다.

휴대전화에 능복되어 있는 사람 중에도 언제 저장했는지 기억이 잘 나지 않는 사람이 늘어나고, 택배 배달원이나 음식점 배달원처럼 낯선 이의 전화번호만 늘어나기도 합니다. 신년 인사를 받아도 얼굴이 기억나지 않는 사람이 많습니다.

직책이 높아진 만큼 외근을 다니기보다 사무실에 있는 일이 늘어나면서, 현장에서 사람들과 접할 기회가 점점 줄어듭니다. 관리자가 되면서 현장에서 점점 멀어지기 때문입니다.

평생 키워주겠다고 마음먹었던 부하 직원이 독립해서 회사를 차리거나 다른 회사로 이직하겠다고 갑자기 선언하는 일도 생깁니다. 그러면 마음에 상처를 입거나 배신당한 느낌에 사로잡히기도 합니다.

이렇듯 동료들도 하나둘씩 회사를 그만두고 독립하거나 자영업을 시작해서, 사람이 떠나갈 때의 쓸쓸함을 온몸으로 느끼기도 합니다.

회사 생활할 때, 절대로 하지 말아야 할 생각이 있습니다. 바로 '이 녀석은 내가 키웠으니까 끝까지 나를 믿고 따를 것이다'라는 것입니다.

사람에게는 누구나 나름대로 사정이 있습니다. 이 세상 모든 사람이 당신을 위해서 사는 것은 아닙니다.

"꼭 성공해서 주식시장에 상장하게! 응원하겠네!"

"그 회사에 지인이 있으니까 잘 말해줄게."

"필요하면 소개장이든 추천장이든 얼마든지 써주겠네."

당신의 곁을 떠나서 독립하거나 다른 회사로 이직하는 사람에게는 밝게 웃으면서 이렇게 응원해주면 됩니다.

"은혜를 원수로 갚아도 유분수지, 감히 내 뒤통수를 치다니! 네가 이 업계에서 먹고 살 수 있을 것 같아? 절대로 가만두지 않겠어!"

이렇게 마음속으로 이를 갈며 복수를 다짐하는 사람은 그동안 상대를 자신의 소유물이라고 착각한 것입니다. 아무리 괴롭고 배신감에 사로잡혀도, 그것은 어디까지나 본인의 사정일 뿐 상대가 원한 것은 아니지 않을까요?

저는 지금까지 25년간, 한 해도 빼놓지 않고 이나가와 준지稲川淳二, 일본의 배우이자 건축설계사. 괴담을 굉장히 무섭게 말하는 사람으로 유명하다 씨의 '미스터리 나이트 투어'에 참가하고 있습니다.

그는 여성에게 다정할 뿐만 아니라 영혼에게도 다정합니다. 사람들은 모두 영혼을 무서워하지만, 그는 영혼을 무서워하지 않는 것입니다.

그가 한 말 중에 제가 좋아하는 것이 있습니다.

"여러분은 영혼을 만나면 '무섭다'라고 말하지만 그것은 이쪽 사정일 뿐입니다."

그렇습니다. 영혼은 상대에게 아무런 악의도 없습니다. 상대를 위협하거나 나쁜 짓을 하거나 무섭게 할 생각이 없이 단지 그곳에 존재하고 있을 뿐입니다.

그런데 영혼을 보고 무섭다고 말하는 것은 일종의 차별이 아닐까요? 영혼은 그저 가만히 있는데, 자기 사정으로 무서워하는 것이니까요.

'인간에게 인간의 사정이 있는 것처럼 영혼에게도 영혼의 사정이 있다'라는 이나가와 씨의 생각처럼, 상대의 처지를 배려해줄 수 있다면 50대가 아니라 어떤 연령대에도 즐겁게 살 수 있지 않을까요?

⟨ 50대를 가장 젊게 사는 방법 ⟩

자기 곁에서 떠나는 사람이 있다면 응원해줍니다

회사 생활할 때,
절대로 하지 말아야 할 생각이 있습니다.
바로 '이 녀석은 내가 키웠으니까
끝까지 나를 믿고 따를 것이다'라는 것입니다.
사람에게는 누구나
나름대로 사정이 있습니다.
이 세상 모든 사람이
당신을 위해서 사는 것은 아닙니다.

♪끝나지 않으면
새로 시작되지 않음을 명심하세요♪

50대에는 새로 시작하는 일보다 끝나는 일이 늘어납니다. 그런데 새로 시작하는 일은 누구나 태연하게 할 수 있지만, 끝나는 일에는 상처받게 됩니다.

방송을 예로 들면 쉽게 이해할 수 있을 것입니다. 새 프로그램에 참여하는 것은 누구나 즐거운 일입니다. 그런데 하던 프로그램이 갑자기 없어지면 버림받은 듯한 느낌에 사로잡히게 되겠지요.

어느 날, 프로듀서가 심각한 얼굴로 말합니다.

"오늘 녹화 끝나고 나서 잠깐 얘기 좀 할 수 있을까요?"

녹화가 끝난 뒤, 불길한 예감을 느낀 채 프로듀서를 만나면 심각한 얼굴로 프로그램의 중단 소식을 전해줍니다.

6개월 했던 프로그램이 없어지는 것에는 별로 충격을 받지 않습니다. 문제는 수십 년을 해왔던 프로그램이 어느 날 갑자기 없어지는 것입니다.

물론 수십 년을 해온 프로그램이라도 죽을 때까지 계속할 수는 없겠지만, 어느 날 갑자기 끝난다고는 생각하지 않습니다. 그런데 아무런 낌새도 없이 하루아침에 없어지는 일은 드물지 않습니다.

끝은 '서서히'라는 형태로 오지 않습니다. 어느 날 갑자기 찾아오게 됩니다. 그러면 상실감을 견디지 못해 우울증에 빠지는 사람도 있습니다. 오래 관여한 것일수록 끝났을 때의 충격은 이만저만이 아닙니다.

회사도 마찬가지입니다. 느닷없이 자신이 관여하던 프로젝트가 없어지는 일도 있고, 어느 날 갑자기 몸담고 있던 조직이 없어지는 일도 있습니다. 극단적일 때에는 하루아침에 회사가 없어지는 일도 생깁니다. 이런 때의 충격과 상실감은 어떤 말로도 표현할 수 없을 겁니다.

일본의 신사에는 그 신사를 지키는 고마이누한국의 해태상과 비슷하게 생긴 석상. 고려에서 전해진 것으로 삽살개에서 유래되었다는 설이 있다가 두 마리 있습니다. 한 마리는 입을 벌리고 있는 아형阿形이고, 한 마리는 입을 다물고 있는 훔형吽形입니다.

아훔阿吽, ahum이란 말은 산스크리트어로, '아'는 시작을 가리키고 '훔'은 끝을 가리킵니다. 이 세상 모든 것은 '아'로 시작해서 '훔'으로 끝나고, '훔'으로 끝나서 다시 '아'로 시작합니다. 시작은 곧 끝이고, 끝은 곧 시작인 셈입니다.

다음 일을 새로 시작하고 싶다면 지금 하는 일을 끝내면 됩니다. 끝이 먼저 오면 다음에는 시작이 있기 때문입니다.

마음으로는 시작이 먼저 있고 나서 끝이 있었으면 좋겠지만, 이 세상의 모든 것은 자기 뜻대로 되지 않습니다. 어느 하나가 끝나면 '이제 곧 뭔가가 새로 시작되겠군' 하고 가슴 두근거리며 기다리면 됩니다.

더구나 하나의 일이 끝날 때는 정신없이 후다닥 끝나는 경우가 많습니다. 그러면 이를 극단적으로 받아들이는 사람이 있습니다.

"아아, 이 세상은 끝이다! 노스트라다무스의 예언이 맞았다! 이 세상의 모든 것은 끝난다."

일본에서는 헤이안 시대(794~1185년)에 종말론이 널리 퍼졌습니다. 그래서 당시의 귀족들은 극락왕생을 바라며 정토사상을 만들었습니다. 재미있는 것은 유럽에서도 천 년쯤에 이 세상은 끝이라는 말세 사상이 널리 퍼졌다는 점입니다.

하나가 끝날 때는 몇 가지가 한꺼번에 후다닥 끝나곤 합니다. 하지만 뭔가가 끝난다고 해서 슬퍼하거나 탄식할 필요는 없습니다. 뭔가가 후다닥 끝나면 이윽고 다시 뭔가가 후다닥 시작하게 되어 있으니까요.

> 50대를 가장 젊게 사는 방법
>
> 끝나는 것에 최대한 미련을 두지 마세요

아훔[阿吽, ahum]이란 말은 산스크리트어로, '아'는 시작을 가리키고 '훔'은 끝을 가리킵니다. 이 세상 모든 것은 '아'로 시작해서 '훔'으로 끝나고, '훔'으로 끝나서 다시 '아'로 시작합니다. 시작은 곧 끝이고, 끝은 곧 시작인 셈입니다.

다음 일을 새로 시작하고 싶다면 지금 하는 일을 끝내면 됩니다. 끝이 먼저 오면 다음에는 시작이 있기 때문입니다.

마음으로는 시작이 먼저 있고 나서 끝이 있었으면 좋겠지만, 이 세상의 모든 것은 자기 뜻대로 되지 않습니다. 어느 하나가 끝나면 '이제 곧 뭔가가 새로 시작되겠군' 하고 가슴 두근거리며 기다리면 됩니다.

♪ 이직하는 동료는
진심으로 응원해줍니다 ♪

주변에 이직하는 동료가 있을 때, 사람은 두 유형으로 나누어집니다.

하나, "그 녀석은 회사에서 별로 평판이 좋지 않았어" "어차피 다른 회사에 가도 오래 견디지 못할 거야"라고 험담하는 사람.

둘, "정말 대단해. 용기가 있군"이라고 격려해주는 사람.

50대의 인생을 즐겁게 사는 사람은 자신과 다른 길을 걸어가는 사람에게 찬사를 보내고 그 사람의 앞길을 응원해줍니다.

"역시 대단해! 자네는 도전 정신이 있어."

"회사를 그만두고 독립하다니! 정말 굉장하군. 난 용기가 없어서 도저히 못 할 거야."

상대를 질투해서 험담하기보다는 상대의 앞길을 축복해주면 본인도 즐겁고 행복하지 않을까요?

새로운 사업을 시작하는 사람에게 절대로 해서는 안 되는 말이 있습니다. 바로 '불가능하다거나 실패할 것 같다'라는 부정적인 말입니다.

"두고 봐. 저 녀석은 분명히 실패할 거야."

이렇게 말하는 사람은 그 사람이 실패하기를 바라는 이입니다. 위험한 다리를 건너는 사람에게는 따뜻한 말로 응원해주는 것이 어떨까요?

"지금처럼 어려운 시기에 불 속으로 뛰어들다니, 용기가 있군. 온 마음을 다해 응원하겠네."

"쉽지 않은 길에 도전하다니! 끝까지 응원할게."

"어떻게든 성공하기를 바라겠네."

이런 식으로 응원해주면 자신도 가슴이 두근거리게 됩니다. 상대의 성공을 바라느냐 실패를 바라느냐에 따라서 상대에게 해주는 말은 다를 수밖에 없겠지요.

승리할지 패배할지 내기를 할 때, 사람은 두 유형으로 나누어집니다. 자신이 지는 쪽에 거는 사람과 이기는 쪽에 거는 사람입니다.

자신이 지는 쪽에 거는 사람은 지고, 이기는 쪽에 거는 사람은 이깁니다. 결과는 자신이 건 쪽으로 향하기 때문입니다.

자신이 지는 쪽에 거는 것은 언뜻 보기에 위험을 피하는 것처럼 보이기도 합니다. 하지만 실제로는 위험을 피하는 게 아니라 무의식중에 이미 패배를 인정하는 것입니다.

50대에는 자신은 물론이고 상대의 성공을 진심으로 바라는 편이 좋습니다. 그래야 항상 가슴 두근거리며 즐겁게 살 수 있으니까요.

⟨ **50대를 가장 젊게 사는 방법** ⟩

이직한 동료의 험담을 하지 않습니다

새로운 사업을 시작하는 사람에게
절대로 해서는 안 되는 말이 있습니다.

바로 '불가능하다거나 실패할 것 같다'라는
부정적인 말입니다.
"두고 봐. 저 녀석은 분명히 실패할 거야."
이렇게 말하는 사람은
그 사람이 실패하기를 바라는 이입니다.

위험한 다리를 건너는
사람에게는 따뜻한 말로
응원해주는 것이 어떨까요?

♪ 인간은 언젠가 모두 죽는다는 사실을 가끔 떠올려봅니다 ♪

50대가 되면 부모님의 연세는 대부분 80대가 됩니다. 그러면 부모님의 부고와 마주해야 하는 일이 생길 수밖에 없습니다. 또한 친구 부모님의 장례식을 비롯해, 장례식장에 가는 일이 많아지는 것도 50대가 맞이하게 되는 경험 중 하나입니다.

40대에는 늙어가는 부모님을 돌봐드리는 일이 중심이었지만, 50대에는 부모님의 죽음과 마주하는 일을 겪게 됩니다. 이때 정신적 충격을 줄이기 위해서는 죽음과 어떻게 마주해야 할지 미리 각오를 해두어야 합니다.

그때까지 조부모님의 죽음이나 상사의 죽음, 친구 부모님의 죽음 등을 통해 '죽음'에 대해서 어느 정도 경험하지만, 그것과 부모님의 죽음은 차원이 다릅니다. 부모님의 죽음을 맞이했을 때 비로소 '사람은 언젠가 죽는다'는 사실을 온몸으로 체험하게 됩니다. 그러면 자신도 모르게 '인간의 삶과 죽음'에 관해서 생각하지 않을 수 없습니다. 장례식을 치르거나 손님을 맞이하느라 정신이 없다가도, 화장터에서 부모님의 뼈를 추스를 때면 '죽음이란 무엇일까?'라는 생각에 휩싸입니다. 더구나 그런 생각은 굉장히 현실적인 문제로써 가슴 깊이 뿌리를 내립니다.

50대에 자신만의 삶과 죽음에 관한 태도인 생사관生死觀을 확립하지 않으면 남은 인생에서 삶과 죽음에 관해 고민하게 됩니다.

생사관에는 정답이 없습니다. 자신의 인생관이나 가치관에 따라서 나름대로 정립하면 됩니다. 단 한 가지, 갈피를 잡지 못해 이리저리 헤매거나 망설이지 않으면 됩니다.

이 세상에 생사관이 없는 민족은 없습니다. 모든 민족의 문화에는 생사관이 깊숙이 뿌리를 내리고 있습니다. 생사관을 가지기 위해서는 '언젠가는 모든 사람은 죽는다'라는 사실을 받아들여야 합니다. 그것도 머리가 아니라 가슴으로 말이지요. 그렇게 하지 않으면 부모님의 죽음 앞에서 꼼짝도 하지 못한 채, 다시는 일어서지 못하게 될 수도 있으니까요.

〈 **50대를 가장 젊게 사는 방법** 〉

부모님의 부고를 똑바로 받아들입니다

생사관에는 정답이 없습니다.
자신의 인생관이나 가치관에 따라서
나름대로 정립하면 됩니다.

단 한 가지,
갈피를 잡지 못해 이리저리 헤매거나
망설이지 않으면 됩니다.

이 세상에 생사관이 없는 민족은 없습니다.
모든 민족의 문화에는
생사관이 깊숙이 뿌리를 내리고 있습니다.
생사관을 가지기 위해서는
'언젠가는 모든 사람은 죽는다'라는 사실을
받아들여야 합니다.
그것도 머리가 아니라
가슴으로 말이지요.

♪ 삶과 죽음에는
경계선이 없다는 것을
이해해보세요♪

사실 사람은 어느 날 갑자기 죽는 것은 아닙니다. 태어난 순간
부터 조금씩 죽음을 향해 나아가고 있을 따름입니다. 불교에서
는 '사람이 눈을 감아도 49일까지는 아직 이 세상에 있다'라고 여
깁니다. 그래서 그 기간을 상중喪中이라고 하고, 49일이 지나면 그
제야 부처가 되어 저세상으로 떠난다고 합니다. 이런 불교의 사
고방식으로 보면 뇌사는 아직 죽음의 단계라고 할 수 없겠지요.

또한 불교에서는 사후세계에서 죽은 사람을 심판하는 열 명
의 왕, 즉 '십왕'이 있다고 합니다. 사람들이 가장 많이 알고 있
는 염라대왕은 다섯 번째로 심판하는 사람입니다.

고인이 돌아가시고 일주일에 한 번씩 하는 49재는 그런 심판
의 날에 고인을 응원하는 뜻으로 하는 의식입니다. "이분은 살
아생전에 좋은 일을 많이 했습니다. 조금이라도 좋은 곳에 가도

록 해주세요"라고 말이지요.

지금은 초칠일이나 49재에 그런 의미가 있다는 사실도 모른 채, 별생각 없이 참석하는 이들이 많습니다. 또한 많은 사람들이 하는 백일제는 사후세계에서 8번째 재판이 끝나는 날입니다. 그래서 이 세상을 떠난 다음에도 그날까지는 아직 살아 있는 것입니다.

죽음에는 언제부터가 죽음이라는 경계선이 없습니다.

어머니가 세상을 떠났을 때, 어머니와 가장 친하게 지냈던 큰이모가 이렇게 말했습니다.

"나중에 따라갈 테니까 좋은 곳을 잡아두렴."

그 말을 듣고 마음속으로 감탄했습니다. 너무나 멋진 생사관이었기 때문입니다. 마치 꽃구경하러 갈 때 "먼저 가서 좋은 곳을 잡아둬"라고 말하는 정도로 죽음을 의식하고 계셨으니까요.

이 세상 모든 생물의 삶과 죽음은 툭 끊어져 있는 게 아니라 조금씩 바뀌면서 계속 이어져 있습니다. 태어난 순간부터는 삶보다 죽음의 비율이 조금씩 늘어나는데, 그 죽음의 비율이 절반을 넘어서는 것이 바로 50대입니다.

아메리카 원주민은 사람이 죽으면 텐트 안에 시신을 놓아둡니다. 그곳은 건조지역이라서 시신이 금방 부패하지는 않습니다. 그리고 어느 날, 시신이 부서지면 그제야 비로소 돌아가셨다고 말합니다.

그들은 태어난 아기의 진짜 인생이 시작되는 것은 '태어났을 때'가 아니라 '자기 힘으로 일어나서 걸었을 때'로 여깁니다. 다른 나라에 비해 삶과 죽음이 조금 뒤쪽인 셈이지요.

반면에 낙태를 금하는 곳에서는 정자와 난자가 만났을 때부터 새로운 생명이라고 해석합니다. 일본을 비롯한 동아시아의 불교 사상은 윤회전생輪廻轉生, 수레바퀴가 돌아 끊임이 없듯이 중생이 사집邪執, 유견謬見, 번뇌煩惱, 업業으로 인하여 삼계육도三界六道에 생사를 끝없이 반복해 감을 이름입니다. 윤회전생에서 죽음은 삶의 시작이므로 조금도 슬퍼할 일이 아닙니다. 부모님이 세상을 떠났을 때 슬퍼하는 이유는 부모님이 없다는 상실감 때문이 아니라 살아생전에 더 잘해 드리지 못한 후회 때문이겠지요.

장례식에는 밝은 장례식과 어두운 장례식이 있습니다. 밝은 분위기의 장례식을 하는 사람은 부모님의 생전에 효도를 했던 쪽입니다. 부모님의 생전에 효도하지 않은 사람은 장례식에서 목놓아 울 수밖에 없겠지요.

웃으면서 장례식을 하기 위해서는 부모님이 살아 계실 때 최

대한 효도하면 됩니다. 그리고 진정한 효도는 부모님이 돌아가시고 나서도 열심히 사는 것이 아닐까요?.

"돌아가시면 항상 내 곁에서 지켜보고 계시니까 부모님이 기뻐하도록 열심히 살아야 겠다."

이런 사고방식이 가장 건강한 생사관이고 진정한 효도가 아닐까요?

〈 50대를 가장 젊게 사는 방법 〉

밝은 장례식이 되도록 생전에 효도합니다

♪ 자는 시간을 앞당기면 인생이 즐거워집니다 ♪

50대에 접어들면 아침 일찍 눈이 뜨이게 됩니다. 그렇다고 고민할 필요는 조금도 없습니다. 이것을 계기로 일찍 자고 일찍 일어나면 되니까요.

어린 시절, 아버지는 간이 주점을 운영하셨습니다. 더구나 우리 집은 2층이고 가게는 1층에 있었습니다. 그래서 대학입시 공부를 할 때도 새벽 3시에 잠들곤 했지요. 밤에 공부하고 있으면 시끌벅적한 소리가 들려서 잠을 잘 수 없었기 때문입니다.

저뿐만이 아니라 가족 모두가 마찬가지였습니다. 밤 1시에 가게 문을 닫은 뒤, 매출을 확인하거나 뒷정리하다 보면 어느새 새벽 3시가 됩니다. 어렸을 때부터 몸에 밴 그런 습관은 40대까지 계속 이어졌습니다.

그런 탓인지, 50대에 접어들자 건강에 문제가 생기게 되었습니다. 무엇을 개선하면 좋을까 생각한 순간, 제일 먼저 떠오른 것이 '자는 시간'이었지요. 결국 조금 일찍 자는 게 좋겠다고 판단해 자는 시간을 조금 앞당겼습니다. 그 이후 언젠가부터 11시에 자기 시작해서, 지금은 매일 11시에 자고 있습니다.

건강의 기본은 밤 10시부터 새벽 2시까지의 '수면의 골든타임'에 있습니다. 이 시간에 자면 깊이 잠들 수 있어서 뇌와 몸에 쌓인 피로가 빨리 회복됩니다.

물론 아직 남은 일도 있고 정리해야 할 것도 있을 때 자려면 상당한 용기가 필요합니다. 그래도 모든 것을 뒤로 돌리고 잠들어도 괜찮다는 사실을 알았습니다. 일찍 자면 자연히 일찍 일어나니까 다음 날 아침에 하면 됩니다.

일찍 자도 수면시간 자체는 그렇게 늘지 않습니다. 수면의 골든타임에 잠듦으로서 마치 '지금 사면 포인트는 3배!'라는 쇼핑몰의 홍보 문구처럼, 수면 포인트를 얻고 있는 것과 같습니다.

아침에 일찍 일어나면 오전 시간을 멋지게 활용할 수 있습니다.

젊은 시절에는 아침에 일찍 일어나면 오후에 졸음이 쏟아집니다. 그리고 오후에 잠깐 눈을 붙이고 낮잠을 자면 밤에 잠들지 못해 결국 올빼미형으로 변하곤 합니다.

50대의 강점은 아침에 일찍 눈이 뜨이는 것입니다. 밤에 일찍 자면 아침에 일찍 일어나도 졸리지 않습니다. 50대가 30대보다 유리한 점은 아침에 일어나는 덕분에 일을 시작할 때까지의 시간이 길다는 것 아닐까요?

또한 50대가 되면 자는 동안에 화장실에 가는 횟수가 늘어납니다. 그럴 때는 화장실에 자주 간다고 불평하기보다 두 번째 깼을 때 완전히 일어나는 게 좋습니다. 그러면 더는 자다가 깨지 않아도 되고, 아침 시간을 멋지게 활용할 수도 있으니까요. 그 시간에 일하건 취미 생활을 하건 공부하면, 인생을 더욱 멋지게 즐길 수 있지 않을까요?

한밤중에 잠에서 깨서 화장실에 두 번 이상 가면 빈뇨로 검진받아야 합니다. 하지만 두 번째에 깨서 다시 자지 않으면 정상이라고 할 수 있겠지요. 50대에 수면 방식을 바꾸면 삶의 질도 달라지게 됩니다. 그만큼 아침 시간을 활용해서 즐겁게 살 수 있게 되는 것이지요.

> 50대를 가장 젊게 사는 방법

일찍 자고 일찍 일어나는 습관을 가집니다

50대가 되면 자는 동안에
화장실에 가는 횟수가 늘어납니다.
그럴 때는 화장실에 자주 간다고
불평하기보다 두 번째 깼을 때
완전히 일어나는 게 좋습니다.
그러면 더는 자다가 깨지 않아도 되고,
아침 시간을 멋지게
활용할 수도 있으니까요.
그 시간에 일하건 취미 생활을 하건
공부하면, 인생을 더욱
멋지게 즐길 수 있지 않을까요?

♪ 아는 만큼 보이고
경험한 만큼 느끼게 됩니다 ♪

50대가 되면 젊은 시절에 본 영화를 다시 보는 것도 좋습니다. 그러면 젊은 시절과는 완전히 다른 관점이 생깁니다. 학창 시절에 재미있게 본 영화를 다시 보면 예전에 미처 발견하지 못한 점들이 눈에 들어오게 됩니다. 이처럼 영화는 첫 번째와 두 번째의 보는 방법이 완전히 다릅니다.

첫 번째는 스토리 위주로 보고, 두 번째는 스토리 이외의 것을 봅니다. 진정한 재미는 스토리 이외의 것에 있기 때문입니다.

2시간짜리 영화라고 한다면, 첫 시작부터 30분까지는 대부분 스토리와 관계가 없고, 나머지 1시간 반 정도가 스토리와 관계가 있는 내용입니다. 원래 영화의 재미는 시작 후 30분에 담겨 있습니다. 그런데 젊은 시절에는 이 처음의 30분을 답답하게만 여기기 쉽습니다. 실제로는 이 부분에 감독의 개성이 담겨 있는데 말입니다. 감독이 자기 마음대로 만들 수 있는 부분이기 때문입니다.

후반부에 접어들면 스토리를 전개해야 해서 감독이 자기 마음대로 만들 수 없습니다. 그 감독이 만들 건 다른 감독이 만들 건 상관없이 원작이나 각본대로 전개해야 합니다.

스토리에만 집중하면 스토리와 관계없는 최초의 30분은 대충 지나치게 됩니다. 그래서 두 번째 봤을 때 "아! 이런 곳에 복선이 있었군!" "아! 여기에 이런 소품이 있었어?"라고 깜짝 놀라게 됩니다.

영화의 진정한 즐거움은 트릭이 드러난 다음부터 시작됩니다.

우선 스토리 이외에 여러 가지를 발견할 수 있다는 즐거움을 누릴 수 있습니다. 그리고 또 하나의 즐거움은 30년 후에 그 영화를 다시 보면 느끼게 됩니다. 이는 30년간 쌓은 체험을 통해 관점이 완전히 달라져 있기 때문이지요.

'아하, 이 말은 이런 뜻이었군.'

'이 장면에는 이런 의미가 담겨 있었군.'

'이 작품에서 가장 하고 싶었던 말은 바로 이거야!'

영화나 책, 그림, 음악 등 모든 예술 분야는 표현하는 사람이 절반을 만들고 감상하는 사람이 절반을 만드는 법입니다.

표현하는 사람이 아무리 좋은 작품을 만들어도 감상하는 사람에게 보는 힘이 없다면 작품을 제대로 즐길 수 없습니다. 그리고 작품을 보는 힘은 감상하는 사람이 얼마나 인생을 깊이 있게 살았는지, 얼마나 열심히 공부했는지에 달려 있습니다.

깊은 인생 경험을 통해 영화나 책을 다시 보면 새로운 사실을 깨닫게 됩니다. '아! 이 장면이 있었다는 건 알고 있었지만 이렇게 중요한 의미가 담겨 있었을 줄은 몰랐어!'라고 말이지요.

'아는 만큼 보인다'는 말은 여행이나 예술 작품뿐만 아니라 인생 전반에서 적용되는 진리입니다.

〈 50대를 가장 젊게 사는 방법 〉

옛날에 본 영화를 다시 보면서 즐거움을 만끽해봅니다

영화의 진정한 즐거움은
트릭이 드러난 다음부터 시작됩니다.

우선 스토리 이외에 여러 가지를
발견할 수 있다는 즐거움을
누릴 수 있습니다.
그리고 또 하나의 즐거움은
30년 후에 그 영화를 다시 보면
느끼게 됩니다.
이는 30년간 쌓은 체험을 통해
관점이 완전히 달라져 있기 때문이지요.

30대는 적과, 40대는 아군과, 50대는 자신과 싸우는 시기입니다

많은 사람이 좀비 영화는 좀비와 싸우는 이야기라고 여깁니다. 물론 완전히 틀린 말은 아닙니다. 좀비 영화는 대부분 3부로 이루어져 있습니다. 제1부는 좀비와 싸우는 이야기이고, 제2부는 인간과 싸우는 이야기입니다.

인간과 싸울 때, 싸움은 한층 격렬해집니다. "저 사람은 혹시 좀비에게 감염된 게 아닐까?" 하는 의혹이 마음속에서 소용돌이치게 됩니다.

3부는 나약한 자신의 마음과 싸우는 이야기입니다. 〈조스〉나 〈에일리언〉을 비롯해 훌륭한 영화는 모두 이렇게 3부로 이루어져 있습니다.

이와 똑같은 일이 30대와 40대, 50대에 일어납니다. 30대는 적(경쟁자, 라이벌)과 싸우고, 40대는 아군과 싸웁니다. 적과 싸우는 것은 그래도 낫지만, 아군과 싸우기 시작하면 일이 복잡해집니다.